Frédéric Nietzsche

Origine de la tragédie

Texte et illustration de couverture : © domaine public
Edition : Culturea (Hérault, 34)
Contact : infos@culturea.fr
Retrouvez notre catalogue sur http://culturea.fr
Imprimé en Allemagne par Books on Demand
Design typographique : Derek Murphy
Layout : Reedsy (https://reedsy.com/)

Dépôt légal : janvier 2023

ISBN : 9791041919499

L'origine de la tragédie (1872)

Friedrich Nietzsche (1844 - 1900)

Traduction de **J. Marnold et J. Morland** (1906)
Édition électronique v.: 1,0 : Les Échos du Maquis, 2011.

Note sur cette édition

La présente édition a été réalisée à partir de la traduction de J. Marnold et J. Morland (1906).

Nous avons apporté à ce texte quelques corrections, la plupart d'ordre simplement linguistique, et avons reporté le texte original en notes de bas de pages.

Les Échos du Maquis, mars 2011.

Essai d'autocritique[1]

1.

Certes, la cause déterminante de ce livre discutable dut être un problème de premier ordre et de grand attrait, et en outre une profonde préoccupation personnelle ; — ce qui en témoigne, c'est l'époque où ce livre fut conçu, *malgré* laquelle il fut conçu, l'époque troublante de la guerre de 1870-71. Pendant que le tonnerre des canons de Wœrth remplissait l'Europe de ses échos, le chercheur subtil, ami des énigmes, qui devait enfanter cet ouvrage, s'était retiré dans quelque coin des Alpes, l'esprit saturé de subtilité et de mystère, donc très soucieux et insoucieux à la fois. Il notait ses réflexions sur les *Grecs*, — noyau de ce livre étrange et difficile auquel est consacrée cette tardive préface (ou postface). Quelques semaines après, il se trouvait lui-même sous les murs de Metz, sans avoir réussi encore à répondre aux questions qu'il s'était posées en face de la prétendue « sérénité » des Grecs et de l'art grec ; jusqu'à ce qu'enfin, dans ce mois de profonde angoisse, alors qu'à Versailles on délibérait de la paix, il sentît aussi la paix descendre sur lui ; et, tandis qu'il guérissait lentement d'une maladie prise pendant la campagne, il eut la perception définitive de cette pensée, « que la tragédie naquit du génie de la musique ». — L'origine de la tragédie dans la musique ? Musique et tragédie ? Grecs et musique de tragédie ? Les Grecs et l'œuvre d'art du pessimisme ? De toutes les races d'hommes, la plus accomplie, la plus belle, la plus justement enviée, la plus séduisante, la plus entraînante vers la vie, les Grecs, — comment, justement, ceux-ci *eurent-ils besoin* de la tragédie ?[2] Plus encore — de l'art ? Et pourquoi — cet art grec ?…

On devine à quelle place se dressait alors le grand point d'interrogation de la valeur de l'existence. Le pessimisme est-il *nécessairement* le signe du déclin, de la décadence, de la faillite des instincts lassés et affaiblis ? — comme ce fut le cas pour les Hindous ; comme il semble, selon toute apparence, que cela soit pour nous autres, hommes « modernes » et Européens ? Y a-t-il un pessimisme de la *force* ? une prédilection intellectuelle pour l'âpreté, l'horreur, la cruauté, l'incertitude de l'existence due à la belle santé, à la surabondance de force vitale, à un *trop-plein* de vie ? Cette plénitude excessive elle-même ne comporte-t-elle pas peut-être une souffrance ?

L'œil le plus perçant n'est-il pas possédé d'une irrésistible témérité, qui *recherche* le terrible, comme l'ennemi, le digne adversaire contre qui elle veut

---

[1] Cette section («Essai d'autocritique») a été rédigée par N. en 1886, alors que *L'origine de la tragédie* remonte à 1872. (N.d.É.)

[2] Les t. donnaient: «comment ? justement ceux-ci *eurent besoin* de la tragédie ?»

éprouver sa force ? dont elle veut apprendre ce que c'est que « la peur » ? Que signifie le mythe *tragique*, précisément chez les Grecs de l'époque la plus parfaite, la plus forte, la plus vaillante ? Et ce prodigieux phénomène de l'esprit dionysien ? Que signifie la tragédie, née de lui ? — Et, en revanche, ce dont mourut la tragédie, le socratisme de la morale, la dialectique, la pondération et la sérénité de l'homme théorique, — quoi ? ce socratisme ne pourrait-il pas être justement le signe de la décadence, de la lassitude, de l'épuisement, de l'anarchisme dissolvant des instincts ? La « sérénité hellénique » des derniers Grecs ne serait-elle pas un crépuscule ? l'effort épicurien *contre* le pessimisme, seulement une précaution de malade ? Et la science elle-même, notre science, — oui, envisagée comme symptôme de vie, que signifie, au fond, toute science ? Quel est le but, pis encore, *l'origine* — de toute science ? Quoi ? L'esprit scientifique n'est-il peut-être qu'une crainte et une diversion en face du pessimisme ? un ingénieux expédient contre — *la vérité* ? et, pour parler moralement, quelque chose comme de la peur et de l'hypocrisie ? et immoralement : de la ruse ? Ô Socrate, Socrate, était-ce là peut-être *ton* secret ? Ô mystérieux ironiste, était-ce là ton — ironie ?

2.

Ce qu'il me fut alors donné de concevoir, quelque chose de terrible et de périlleux, un problème aux cornes menaçantes, pas absolument un taureau sauvage, en tout cas un problème *nouveau*, je dirais aujourd'hui que ce fut *le problème de la science* elle-même — de la science considérée pour la première fois comme problématique, discutable. Mais le livre où j'épanchai alors la défiance et la fougue de ma jeunesse, — quel livre *impossible* dut naître d'une tâche aussi anti-juvénile ! — construit seulement à l'aide de sensations personnelles précoces et hâtives, effleurant l'extrême limite de ce qui peut s'exprimer, appuyé par ses fondations sur le terrain de l'*art*, — car le problème de la science ne peut être résolu sur le terrain de la science ; — un livre s'adressant peut-être à des artistes possédant par surcroît des aptitudes spéciales pour l'analyse et la comparaison (c'est-à-dire à une espèce exceptionnelle d'artistes, qu'il faut chercher et qu'on ne voudrait même pas chercher...), bourré d'innovations psychologiques et de mystérieux secrets d'artiste, avec, au fond du tableau, une métaphysique d'artiste ; une œuvre de jeunesse, pleine d'ardeur et de mélancolie juvéniles, indépendante, obstinément intransigeante, même si elle semble céder à une autorité ou à une déférence particulière, en un mot une œuvre de début, voire dans le sens fâcheux de l'expression ; entachée, en dépit des allures séniles du problème, de tous les défauts de la jeunesse, avant tout, de ses longueurs excessives, de ses élans tumultueux et de ses violences. D'autre part, en considération du succès qu'il obtint (particulièrement auprès du grand artiste auquel il s'adressait comme une manière de colloque, Richard Wagner), un *vrai* livre, je veux dire un livre qui, en tous cas, a donné satisfaction aux « meilleurs de son temps ». Cette seule raison lui mériterait quelque déférence et certains égards ; cependant je ne veux pas dissimuler tout à fait l'impression désagréable qu'il me produit aujourd'hui : combien, après seize années, il se présente comme un étranger — à mes yeux plus expérimentés, cent fois plus sévères, bien qu'aucunement refroidis, et nullement enclins à se détourner de cette même tâche à laquelle ce livre téméraire osa le premier se mesurer, à savoir — *de considérer la science sous l'optique de l'artiste et l'art sous l'optique de la vie…*

3.

Encore une fois, ce livre me paraît aujourd'hui un livre impossible, — je le trouve mal écrit, lourd, pénible, hérissé d'images forcenées et incohérentes, sentimental, édulcoré çà et là jusqu'à l'effémination, mal équilibré, dépourvu d'effort vers la pure logique, très convaincu et, à cause de cela, se dispensant de fournir des preuves, doutant même qu'il lui *convienne* de prouver, en tant que livre d'initiés, « musique » pour ceux-là, dont la musique fut le baptême, et qui, depuis l'origine des choses, sont unis par le lien commun des connaissances artistiques rares, bannière de ralliement pour des frères de même sang *in artibus*, — un livre hautain et exalté, dirigé de prime abord plus encore contre le *profanum vulgus* des « intellectuels » que contre le « peuple », mais qui, par son influence, a prouvé et prouve encore qu'il s'entend assez bien à découvrir ses enthousiastes et à les entraîner à travers le labyrinthe de chemins ignorés jusqu'à de joyeuses arènes. En tout cas, — on dut l'avouer avec étonnement et impatience, — ici parlait une voix *étrangère*, l'apôtre « d'un dieu encore inconnu », affublé provisoirement de la barrette du savant, caché sous la pesanteur et la morosité dialectique de l'Allemand aggravées du mauvais ton du wagnérien ; il y avait là un esprit rempli d'exigences nouvelles et encore innommées, une mémoire gonflée d'interrogations, d'observations, d'obscurités, auxquelles venait s'ajouter, comme un problème de plus, le nom de Dionysos ; ici parlait, — on le remarqua avec défiance, — quelque chose comme une âme mystique, presque une âme de ménade, qui, tourmentée et capricieuse, et quasi irrésolue, si elle doit se livrer ou se dérober, balbutie en quelque sorte une langue étrangère. Elle aurait dû *chanter*, cette « âme nouvelle », — et non parler ! Quel dommage que je n'aie pas osé exprimer en poète ce que j'avais à dire alors : peut-être bien que cela m'eût été possible ! Tout au moins aurais-je pu m'exprimer en philologue : car, pour les philologues, dans ce domaine, il reste encore aujourd'hui à peu près tout à découvrir et à mettre en lumière ! Avant tout, *ce* problème, *qu'*il y a ici un problème, — et qu'il sera toujours absolument impossible de comprendre et de se représenter les Grecs, aussi longtemps qu'on n'aura pas répondu à cette question : « Qu'est-ce que l'esprit dionysien ?… »

4.

Oui, qu'est-ce que l'esprit dionysien ? — On trouvera dans ce livre une réponse à cette interrogation, — c'est un « initié » qui parle ici, l'adepte élu, l'apôtre de son dieu. Peut-être serais-je aujourd'hui plus circonspect, moins absolu en présence d'un problème psychologique aussi compliqué que la recherche des origines de la tragédie chez les Grecs. Un point fondamental est la mesure de subjectivité du Grec en face de la souffrance, son degré de sensibilité, — ce degré n'a-t-il jamais varié ? ou bien le rapport fut-il renversé ? — cette question de savoir si son toujours grandissant *désir de beauté*, de fêtes, de réjouissances, de cultes nouveaux, n'est pas fait de détresse, de misère, de mélancolie, de douleur ? Et en supposant que ce fût vrai — et Périclès (ou Thucydide) le donne à entendre dans la grande oraison funèbre — : d'où viendrait alors la tendance contraire et chronologiquement antérieure, le *besoin de l'horrible*, la sincère et âpre inclination des premiers Hellènes pour le pessimisme, le mythe tragique, la représentation de tout ce qu'il y a de terreur, de cruauté, de mystère, de néant, de fatalité au fond des choses de la vie, — d'où viendrait alors la tragédie ? Peut-être *de la joie*, de la force, de la santé exubérante, de l'excès de vitalité ? Et quelle signification prend alors, physiologiquement parlant, ce délire particulier, qui fut la source de l'art tragique aussi bien que de l'art comique, le délire dionysiaque ? Quoi ? Le délire ne serait-il peut-être pas inévitablement le symptôme de la dégénérescence, de la décadence, de la civilisation suravancée ? Y a-t-il peut-être — question pour les médecins aliénistes — une névrose de la *santé* ? de la jeunesse des peuples, de leur adolescence ? Que nous indique cette synthèse d'un dieu et d'un bouc dans le satyre ? Quelle expérience, quelle impulsion irrésistible amenèrent le Grec à représenter par un satyre le rêveur dionysien, l'homme primitif ? Et pour ce qui regarde l'origine du chœur, dans ces siècles où florissait la force physique du Grec, où l'âme grecque débordait de vie, y eut-il peut-être des enthousiasmes endémiques ? des visions et des hallucinations se manifestant à des cités entières, à des foules entières assemblées dans les temples ? Quoi ? Si pourtant les Grecs, précisément dans la splendeur première de leur jeunesse, avaient eu *le besoin* du tragique et avaient été pessimistes ? Si, pour employer une parole de Platon, le délire avait été justement, pour Hellas, *le plus grand* des bienfaits ? Et si, d'un autre côté et au contraire, les Grecs, à l'époque même de leur dissolution et de leur déclin, étaient devenus toujours plus optimistes, plus superficiels, plus cabotins, et aussi plus passionnés pour la logique, plus ardents à concevoir la vie logiquement, c'est-à-dire à la fois plus « sereins » et plus « scientifiques » ? Comment ? en dépit de toutes les « idées modernes » et des préjugés du goût démocratique, la victoire de l'*optimisme*, la *raison*, dès lors prédominante, le pratique et théorique *utilitarisme*, aussi bien que la démocratie elle-même, dont il est contemporain, — tout cela ne pourrait-il pas être le symptôme du déclin de la force, de l'approche de la vieillesse et de la lassitude physiologique ? Et *non* — le pessimisme ? L'optimiste Épicure ne fut-il pas précisément — un *malade* ? — On le voit, c'est d'un véritable fardeau de graves problèmes que s'est chargé ce livre, — ajoutons encore le plus grave de tous ! Que signifie, considérée au point de la vue de la *Vie* — la morale ?...

5.

Déjà, dans la préface à Richard Wagner, c'est l'art, — et non la morale, — qui est présenté comme l'activité essentiellement *métaphysique* de l'homme ; au cours de ce livre se reproduit à différentes reprises cette singulière proposition, que l'existence du monde ne peut se *justifier* que comme phénomène esthétique. En effet, ce livre ne reconnaît, au fond de tout ce qui fut, qu'une pensée et arrière-pensée d'artiste, — un « Dieu », si l'on veut, mais, à coup sûr, un Dieu purement artiste, absolument dénué de scrupule et de morale, pour qui la création ou la destruction, le bien ou le mal sont des manifestations de son caprice indifférent et de sa toute-puissance ; qui se débarrasse, en fabriquant des mondes, du *tourment* de sa plénitude et de sa *pléthore*, qui se délivre de la *souffrance* des contrastes accumulés en lui-même. Le monde, l'objectivation libératrice de Dieu, perpétuellement et à tout instant *consommée*, en tant que vision éternellement changeante, éternellement nouvelle de celui qui porte en soi les plus grandes souffrances, les plus irréductibles conflits, les plus extrêmes contrastes, et qui ne peut s'en affranchir et se libérer que dans *l'apparence* ; toute cette métaphysique d'artiste peut être traitée d'arbitraire, de vaine, de fantaisiste, — l'essentiel est qu'elle trahit dès l'abord un esprit qui, à tout événement, décida de se mettre en garde contre l'interprétation et la portée *morales* de l'existence. Ici est proclamé, pour la première fois peut-être, un pessimisme « par delà le bien et le mal » ; ici cette « perversité du sentiment », contre laquelle Schopenhauer ne se lassa pas de lancer à l'avance ses imprécations et ses foudres, trouve son langage et sa formule, — une philosophie qui ose classer la morale elle-même dans le monde des apparences, qui ose la déclasser, et cela non seulement parmi les « apparences » (dans le sens de l'idéaliste *terminus technicus*), mais encore parmi les « illusions », comme simulacre, conjecture, préjugé, interprétation, parure, art. Peut-être la profondeur de cette tendance *anti-morale* peut-elle se mesurer le mieux au silence circonspect et hostile que l'on constate dans tout ce livre à l'égard du christianisme, — du christianisme, comme la plus extravagante variation sur le thème moral qu'il ait été donné à l'humanité d'entendre jusqu'à présent. En vérité, rien n'est plus complètement opposé à l'interprétation, à la justification purement esthétique du monde exposée ici, que la doctrine chrétienne, qui n'est et ne veut être *que* morale, et, avec ses principes absolus, par exemple avec sa véracité de Dieu, relègue l'art, *tout* art, dans l'empire du *mensonge*, c'est-à-dire le nie, le condamne, le maudit. Derrière une semblable façon de penser et d'apprécier qui, pour peu qu'elle soit sincère et logique, doit être fatalement hostile à l'art, je perçus aussi de tout temps *l'hostilité à la vie*, la répugnance rageuse et vindicative pour la vie même : car toute vie repose sur apparence, art, illusion, optique, nécessité de perspective et d'erreur. Le christianisme fut, dès l'origine, essentiellement et radicalement, satiété et dégoût de la vie pour la vie, qui se dissimulent, se déguisent seulement sous le travesti de la foi en une « autre » vie, en une vie « meilleure ». La haine du « monde », l'anathème aux passions, la peur de la beauté et de la volupté, un au-delà futur inventé pour mieux dénigrer le présent, au fond un désir de néant, de mort, de repos, jusqu'au « sabbat des sabbats », — tout cela, aussi bien que la prétention absolue du christianisme à ne tenir compte *que* des valeurs morales, me parut toujours la forme la plus dangereuse, la plus inquiétante d'une « volonté d'anéantissement », tout au moins un signe de lassitude morbide, de découragement profond, d'épuisement, d'appauvrissement de la vie, — car, au nom de la morale (en particulier de la morale chrétienne, c'est-à-dire absolue), nous *devons* toujours et inéluctablement donner tort à la vie, parce que la vie *est* quelque chose d'essentiellement immoral, — nous *devons* enfin étouffer la vie sous le poids du mépris et de l'éternelle négation, comme indigne d'être désirée et dénuée en soi de la valeur d'être vécue. La morale elle-même — quoi ? la morale ne serait-elle pas une « volonté de négation de la vie », un secret instinct d'anéantissement, un principe de ruine, de déchéance, de dénigrement, un commencement de fin ? et par conséquent le danger des dangers ?... C'est *contre* la morale que, dans ce livre, mon instinct se reconnut comme défenseur de la vie, et qu'il se créa une doctrine et une théorie de la vie absolument contraires, une conception purement artistique, *anti-chrétienne*. Comment la nommer ? Comme philologue et ouvrier dans l'art d'exprimer, je la baptisai, non sans quelque liberté, — qui pourrait dire le vrai nom de l'Antéchrist ? — du nom d'un dieu grec : je la nommai *dionysienne*.

6.

On comprend à quel problème j'osai désormais m'attaquer dans ce livre... Combien je regrette maintenant de n'avoir pas eu le courage (ou l'immodestie) d'employer, pour des idées aussi personnelles et audacieuses, un *langage personnel*, — d'avoir péniblement cherché à exprimer, à l'aide de formules kantiennes et schopenhaueriennes, des opinions nouvelles et insolites qui étaient radicalement opposées à l'esprit comme au sentiment de Kant et de Schopenhauer. Que pensait Schopenhauer de la tragédie ? « Ce qui donne au tragique un essor particulier vers le sublime — dit-il (*MVR*[3], II), — c'est la révélation de cette pensée, que le monde, la vie, ne peut nous satisfaire

---

[3] *Le monde comme volonté et comme représentation.*

complètement, et par conséquent *n'est pas digne* que nous lui soyons attachés : c'est en cela que consiste l'esprit tragique, — il nous amène ainsi à la *résignation.* » Oh ! quel autre langage me tenait Dionysos ! Oh ! comme ce « résignationisme » était alors loin de moi ! — Mais il y a dans ce livre quelque chose de pire encore, et que je regrette beaucoup plus que d'avoir obscurci et défiguré par des formules schopenhaueriennes mes visions dionysiennes : c'est de m'être, en un mot, *gâté* le grandiose *problème grec*, tel qu'il s'était révélé à moi, par l'intrusion des choses modernes ! de m'être attaché à des espérances, là où il n'y avait rien à espérer, où tout indiquait trop clairement une fin ! d'avoir, à propos de la plus récente musique allemande, commencé à divaguer sur « l'âme allemande », comme si elle était justement sur le point de se découvrir et de se retrouver, — et cela à une époque où l'esprit allemand, qui, il y a peu de temps encore, avait possédé la volonté de dominer l'Europe, la force de diriger l'Europe, en arrivait, en guise de conclusion testamentaire, à l'*abdication*, et, sous le pompeux prétexte d'une fondation d'empire, évoluait vers la médiocrité, la démocratie et les « idées modernes » ! En effet, j'ai appris depuis à juger sans espoir et sans pitié cette « âme allemande », et avec elle l'actuelle *musique allemande*, comme étant d'outre en outre pur romantisme et la plus antihellénique de toutes les formes d'art imaginables : mais, par surcroît, une machine à détraquer les nerfs de premier ordre, deux fois dangereuses pour un peuple qui aime la boisson et honore l'obscurité comme une vertu, à cause de sa double propriété de narcotique qui produit l'ivresse et enveloppe l'esprit de *nébuleuses* vapeurs. — En laissant naturellement de côté toutes les espérances prématurées et les inopportunes applications aux choses actuelles, qui gâtèrent alors mon premier livre, le grand point d'interrogation dionysien, même en ce qui concerne la musique, reste toujours où je l'avais placé : que devrait être une musique dont le principe originel serait, non pas le romantisme, à l'exemple de la musique allemande, — mais l'esprit *dionysien* ?…

7.

— Mais, cher monsieur, qu'a-t-on jamais entendu par romantisme si *votre* livre n'est pas romantique ? Est-il possible de pousser plus loin la haine du « temps présent », de la « réalité » et des « idées modernes » que vous ne l'avez fait dans votre métaphysique d'artiste — qui préfère croire au néant et même au diable plutôt qu'au « présent » ? Au-dessous de la polyphonie contrapuntique dont vous tentez de séduire nos oreilles ne gronde-t-il pas une basse fondamentale de colère et de destruction joyeuses ? une farouche résolution contre tout ce qui est « actuel », une volonté qui n'est certes pas très éloignée du nihilisme pratique, et qui semble dire : « Que rien ne soit vrai, plutôt que *vous* ayez raison, plutôt que triomphe *votre* vérité ! » Écoutez vous-même avec attention, monsieur le pessimiste adorateur de l'art, un seul passage, choisi dans votre livre, ce passage, nullement dénué d'éloquence, le « tueur de dragons », qui semble comme un piège insidieusement tendu aux jeunes esprits et aux jeunes cœurs. Quoi ? N'est-ce pas l'authentique et véritable profession de foi du romantisme de 1830, sous le masque du pessimisme de 1850 ? et derrière cette profession de foi n'entend-on pas préluder le finale consacré, en usage chez les romantiques, — rupture, écroulement, retour, et enfin prosternation à deux genoux devant une vieille foi, devant le Dieu ancien ?... Quoi ? votre livre de pessimiste n'est-il pas lui-même une œuvre de romantisme et d'antihellénisme, quelque chose « qui, à la fois, produit l'ivresse et obscurcit l'esprit » en tout cas, un narcotique, un morceau de musique, voire de musique allemande ? Mais qu'on en juge :

> « Figurons-nous une génération grandissant avec cette intrépidité du regard, avec cette impulsion héroïque vers le monstrueux, l'extraordinaire ; imaginons l'allure hardie de ce tueur de dragons, l'orgueilleuse témérité avec laquelle ces êtres tournent le dos aux enseignements débiles de l'optimisme, pour « vivre résolument » d'une vie pleine et complète : *ne devait-il pas arriver nécessairement* que l'expérience volontaire de l'énergie et de la terreur amenât l'homme tragique de cette civilisation à souhaiter un art nouveau, *l'art de la consolation métaphysique*, la tragédie, comme une Hélène à laquelle il avait droit, et à s'écrier avec Faust :
>
> Et ne devais-je pas, avec une violence passionnée,
> Faire naître à la vie la forme la plus divine ? »[4]

« Cela ne devait-il pas arriver *nécessairement* ? » ... Non, trois fois non ! Ô jeunes romantiques : cela *ne* devait *pas* arriver nécessairement ! Mais il est très vraisemblable que cela *se termine ainsi*, que *vous* finissez ainsi, c'est-à-dire « consolés », comme cela est écrit, en dépit de tous vos efforts pour connaître par vous-mêmes l'énergie et la terreur, « métaphysiquement consolés, » bref, ainsi que finissent les romantiques, *chrétiennement*... Non ! Il vous faudrait d'abord apprendre la consolation *de ce côté-ci*, — il vous faudrait apprendre à *rire*, mes jeunes amis, si toutefois vous vouliez absolument rester pessimistes ; peut-être bien qu'alors, sachant rire, vous jetteriez un jour au diable toutes les consolations métaphysiques, — et pour commencer la métaphysique elle-même ! Ou, pour employer le langage de ce monstre dionysien, qui a nom *Zarathoustra* :

> « Élevez vos cœurs, mes frères, haut, plus haut !
>
> Et n'oubliez pas non plus vos jambes ! Élevez aussi vos jambes, bons danseurs, et mieux que cela : vous vous tiendrez aussi sur la tête !

---

[4] Gœthe, *Faust*, II.

« Cette couronne du rieur, cette couronne de roses : c'est moi-même qui me la suis mise sur la tête, j'ai canonisé moi-même mon rire. Je n'ai trouvé personne d'assez fort pour cela aujourd'hui.

« Zarathoustra le danseur, Zarathoustra le léger, celui qui agite ses ailes, prêt au vol, faisant signe à tous les oiseaux, prêt et agile, divinement léger : —

« Zarathoustra le devin, Zarathoustra le rieur, ni impatient, ni intolérant, quelqu'un qui aime les sauts et les écarts ; je me suis moi-même placé cette couronne sur la tête !

« Cette couronne du rieur, cette couronne de roses : à vous, mes frères, je jette cette couronne ! J'ai canonisé le rire ; hommes supérieurs, *apprenez* donc — à rire ! »

(Ainsi parlait Zarathoustra, IV.)

Sils-Maria, Haute-Engadine, août 1886.

Dédicace à Richard Wagner

Pour écarter de ma pensée toutes les critiques, toutes les colères, tous les malentendus, dont les idées exposées dans cet ouvrage fourniront le prétexte à nos publicistes, étant donné le singulier caractère de l'esthétique contemporaine, et aussi pour écrire ces paroles d'introduction avec une félicité contemplative égale à celle dont chacune de ces pages porte l'empreinte, comme la cristallisation d'instants de bonheur et d'enthousiasme, je me représente par la pensée, mon ami hautement vénéré, le moment où vous recevrez cet écrit. Je vous vois, peut-être au retour d'une promenade du soir dans la neige d'hiver, considérer sur la première feuille de ce livre le Prométhée délivré, lire mon nom, et je sais qu'aussitôt vous êtes pénétré de cette conviction que, quel que puisse être le contenu de cet ouvrage, celui qui l'a fait avait à exprimer des choses graves et significatives ; et qu'aussi, en tout ce qu'il imagina, il se sentit en communication avec vous comme avec quelqu'un de réellement présent, et qu'il ne lui fut possible d'écrire que quelque chose qui répondît à cette présence réelle. Vous vous souviendrez, en outre, que c'est au moment même de l'apparition de l'écrit admirable consacré par vous à la mémoire de Beethoven que ces réflexions me préoccupèrent ; c'est-à-dire pendant les angoisses et les enthousiasmes de la guerre qui venait d'éclater. Cependant, ceux-là seraient dans l'erreur, qui songeraient, à propos de cet ouvrage à opposer l'exaltation patriotique à une sorte de libertinage esthétique, une vaillante énergie à une distraction insouciante. Bien plus, à la lecture de ce livre, il se pourrait qu'ils reconnussent avec surprise combien profondément allemand est le problème dont il est ici question, et combien il est légitime de le placer au milieu de nos espoirs allemands, dont il est l'axe et le pivot. Mais peut-être seront-ils plutôt scandalisés de ce qu'une aussi sérieuse attention soit accordée à un problème esthétique, s'ils sont vraiment incapables d'avoir de l'art une conception autre que celle d'un passe-temps agréable, d'un bruit de grelots dont se passerait volontiers « la gravité de l'existence » ; comme si personne ne savait ce qu'il faut entendre dans cette comparaison, par une « gravité de l'existence » de cette espèce. Pour la gouverne de ces personnes graves, je déclare que, d'après ma conviction profonde, l'art est la tâche la plus haute et l'activité essentiellement métaphysique de cette vie, selon la pensée de l'homme à qui je veux que cet ouvrage soit dédié, comme à mon noble compagnon d'armes et précurseur dans cette voie.

Bâle, fin 1871.

L'origine de la tragédie

1.

Nous aurons fait un grand pas en ce qui concerne la science esthétique, quand nous en serons arrivés non seulement à l'induction logique, mais encore à la certitude immédiate de cette pensée : que l'évolution progressive de l'art est le résultat du double caractère de l'*esprit apollinien* et de l'*esprit dionysien*, de la même manière que la dualité des sexes engendre la vie au milieu de luttes perpétuelles et par des rapprochements seulement périodiques. Ces noms, nous les empruntons aux Grecs qui ont rendu intelligible au penseur le sens occulte et profond de leur conception de l'art, non pas au moyen de notions, mais à l'aide des figures nettement significatives du monde de leurs dieux. C'est à leurs deux divinités des arts, Apollon et Dionysos, que se rattache notre conscience de l'extraordinaire antagonisme, tant d'origine que de fins, qui exista dans le monde grec entre l'art plastique apollinien et l'art dénué de formes, la musique, l'art de Dionysos. Ces deux instincts impulsifs s'en vont côte à côte, en guerre ouverte le plus souvent, et s'excitant mutuellement à des créations nouvelles, toujours plus robustes, pour perpétuer par elles le conflit de cet antagonisme que l'appellation « art », qui leur est commune, ne fait que masquer, jusqu'à ce qu'enfin, par un miracle métaphysique de la « Volonté » hellénique, ils apparaissent accouplés, et que, dans cet accouplement, ils engendrent alors l'œuvre à la fois dionysienne et apollinienne de la tragédie attique.

Figurons-nous tout d'abord, pour les mieux comprendre, ces deux instincts comme les mondes esthétiques différents du *rêve* et de l'*ivresse*, phénomènes physiologiques entre lesquels on remarque un contraste analogue à celui qui distingue l'un de l'autre l'esprit apollinien et l'esprit dionysien. C'est dans le rêve que, suivant l'expression de Lucrèce, les splendides images des dieux se manifestèrent pour la première fois à l'âme des hommes, c'est dans le rêve que le grand sculpteur perçut les pro-portions divines de créatures surhumaines, et le poète hellène, interrogé sur les secrets créateurs de son art, eût évoqué lui aussi le souvenir du rêve et répondu comme Hans Sachs dans les *Maîtres Chanteurs* :

> Ami, l'ouvrage véritable du poète
> Est de noter et de traduire ses rêves.
> Croyez-moi, l'illusion la plus sûre de l'homme,
> S'épanouit pour lui dans le rêve :
> Tout l'art des vers et du poète
> N'est que l'expression de la vérité du rêve.

L'apparence pleine de beauté des mondes du rêve, dans la production desquels tout homme est un artiste complet, est la condition préalable de tout art plastique, et certainement aussi, comme nous le verrons, d'une partie essentielle de la poésie. Nous éprouvons de la jouissance à la compréhension immédiate de la forme, toutes les formes nous parlent, nulle n'est indifférente, aucune n'est inutile. Et pourtant la vie la plus intense de cette réalité de rêve nous laisse encore le sentiment confus qu'elle n'est qu'une *apparence*. C'est du moins le résultat de ma propre expérience et je pourrais citer maints témoignages et aussi les déclarations des poètes pour montrer combien cette impression est normale et répandue. L'homme doué d'un esprit philosophique a même le pressentiment que, derrière la réalité dans laquelle nous existons et vivons, il s'en cache une autre toute différente, et que, par conséquent, la première n'est, elle aussi, qu'une apparence ; et Schopenhauer définit formellement, comme étant le signe distinctif de l'aptitude philosophique, la faculté pour certains de se représenter parfois les hommes et toutes les choses comme de purs fantômes, des images de rêve. Eh bien, l'homme doué d'une sensibilité artistique se comporte à l'égard de la réalité du rêve de la même manière que le philosophe en face de la réa-lité de l'existence ; il l'examine minutieusement et volontiers ; car, dans ces tableaux, il découvre une interprétation de la vie ; à l'aide de ces exemples, il s'exerce pour la vie. Ce ne sont pas seulement, comme on pourrait croire, les images agréables et plaisantes qu'il retrouve en soi-même avec cette absolue lucidité : le sévère, le sombre, le triste, le sinistre, les obstacles soudains, les railleries du hasard, les attentes angoissées, en un mot toute la *Divine Comédie* de la vie, avec son *Inferno*, se déroule aussi devant lui, non pas seulement comme un spectacle de fantômes, d'ombres, — car, ces scènes, il les vit et les souffre, — et cependant sans qu'il puisse écarter tout à fait cette impression fugitive qu'elles ne sont qu'une apparence. Et peut-être quelques-uns se souviendront comme moi de s'être écrié, en se rassurant au milieu des périls et des terreurs d'un rêve : « C'est un rêve ! Je ne veux pas qu'il cesse ! Je veux le rêver encore ! » J'ai en-tendu dire aussi que certaines personnes possédaient la faculté de prolonger la causalité d'un seul et même rêve pendant trois nuits successives et plus. Ces faits attestent avec évidence que notre nature la plus intime, l'arrière-fond commun de nous tous, trouve dans le rêve un plaisir profond et une joie nécessaire.

De même les Grecs ont représenté sous la figure de leur Apollon ce désir joyeux du rêve : Apollon, en tant que dieu de toutes les facultés créatrices de formes, est en même temps le dieu divinateur. Lui qui, d'après son origine, est « l'apparence » rayonnante, la divinité de la lumière, il règne aussi sur l'apparence pleine de beauté du monde intérieur de l'imagination. La vérité plus haute, la perfection de ce monde, opposées à la réalité imparfaitement intelligible de tous les jours, enfin la conscience profonde de la réparatrice et salutaire nature du sommeil et du rêve, sont symboliquement l'analogue, à la fois, de l'aptitude à la divination, et des arts en général, par lesquels la vie est rendue possible et digne d'être vécue. Mais elle ne doit pas manquer à l'image d'Apollon, cette ligne délicate que la vision perçue dans le rêve ne saurait franchir sans que son effet ne devienne pathologique, et qu'alors l'apparence ne nous donne l'illusion d'une grossière réalité ; je veux dire cette pondération, cette libre aisance dans les émotions les plus violentes, cette sereine sagesse du dieu de la forme. Conformément à son origine, son regard doit être « rayonnant comme le soleil » ; même alors qu'il exprime le souci ou la colère, le reflet sacré de la vision de beauté n'en doit pas disparaître. Et l'on pourrait ainsi appliquer à Apollon, dans un sens excentrique, les paroles de Schopenhauer sur l'homme enveloppé du voile de Maïa (*MVR*, I) : « Comme un pêcheur dans un esquif, tranquille et plein de confiance en sa frêle embarcation, au milieu d'une mer démontée qui, sans bornes et sans obstacles, soulève et abat en mugissant des montagnes de flots écumants, l'homme individuel, au milieu d'un monde de douleurs, demeure impassible et serein, appuyé avec confiance sur le *principium individuationis* ». Oui, on pourrait dire que l'inébranlable confiance en ce principe et la calme sécurité de celui qui en est pénétré ont trouvé dans Apollon leur expression la plus sublime, et on pourrait même reconnaître en Apollon l'image divine et splendide du principe d'individuation, par les gestes et les regards de laquelle nous parlent toute la joie et la sagesse de « l'apparence », en même temps que sa beauté.

À la même page, Schopenhauer nous a dépeint l'épouvantable *horreur* qui saisit l'homme, dérouté soudain par les formes apparentes des phénomènes, alors que le principe de causalité, dans une de ses manifestations quelconques, semble souffrir une exception. Si, outre cette horreur, nous considérons l'extase transportée qui, devant cet effondre-ment du principe d'individuation, s'élève du plus profond de l'homme, du plus profond de la nature elle-même, alors nous commençons à entrevoir en quoi consiste l'*état dionysiaque*, que nous comprendrons mieux encore par l'analogie de l'*ivresse*. C'est par la puissance du breuvage narcotique que tous les hommes et tous les peuples primitifs ont chanté dans leurs hymnes, ou bien par la force despotique du renouveau printanier pénétrant joyeusement la nature entière, que s'éveille cette exaltation dionysienne qui entraîne dans son essor l'individu subjectif jusqu'à l'anéantir en un complet oubli de soi-même. Encore pendant le moyen âge allemand, des multitudes toujours plus nombreuses tournoyèrent sous le souffle de cette même puissance dionysiaque, chantant et dansant, de place en place : dans ces danseurs de la Saint-Jean et de la Saint-Guy nous reconnaissons les chœurs bachiques des Grecs, dont l'origine se perd, à travers l'Asie Mineure, jusqu'à Babylone et jusqu'aux orgies sacéennes. Il est des gens qui, par ignorance ou étroitesse d'esprit, se détournent de semblables phénomènes, comme ils s'écarteraient de « maladies contagieuses », et, dans la sûre con-science de leur propre santé, les raillent ou les prennent en pitié. Les malheureux ne se doutent pas de la pâleur cadavérique et de l'air de spectre de leur « santé », lorsque passe devant eux l'ouragan de vie ardente des rêveurs dionysiens.

Ce n'est pas seulement l'alliance de l'homme avec l'homme qui est scellée de nouveau sous le charme de l'enchantement dionysien : la nature aliénée, ennemie ou asservie, célèbre elle aussi sa réconciliation avec son enfant prodigue, l'homme. Spontanément, la terre offre ses dons, et les fauves des rochers et du désert s'approchent pacifiques. Le char de Dionysos disparaît sous les fleurs et les couronnes : des panthères et des tigres s'avancent sous son joug. Que l'on métamorphose en tableau l'hymne à la « joie » de Beethoven, et, donnant carrière à son imagination, que l'on contemple les millions d'êtres prosternés frémissants dans la poussière : à ce moment l'ivresse dionysienne sera proche. Alors l'esclave est libre, alors se brisent toutes les barrières rigides et hostiles que la misère, l'arbitraire ou la « mode insolente » ont établies entre les hommes. Maintenant, par l'évangile de l'harmonie universelle, chacun se sent, avec son prochain, non seulement réuni, réconcilié, fondu, mais encore identique en soi, comme si s'était déchiré le voile de Maïa, et comme s'il n'en flottait plus que des lambeaux devant le mystérieux *Un-primordial*. Chantant et dansant, l'homme se manifeste comme membre d'une communauté supérieure : il a désappris de marcher et de parler, et est sur le point de s'envoler à travers les airs, en dansant. Ses gestes décèlent une enchanteresse béatitude. De même que maintenant les animaux parlent, et que la terre produit du lait et du miel, la voix de l'homme, elle aussi, résonne comme quelque chose de surnaturel : il se sent Dieu ; main-tenant son allure est aussi noble et pleine d'extase que celle des dieux qu'il a vus dans ses rêves. L'homme n'est plus artiste, il est devenu œuvre d'art : la puissance esthétique de la nature entière, pour la plus haute béatitude et la plus noble satis-faction de l'Un-primordial, se révèle ici sous le frémissement de l'ivresse. La plus noble argile, le marbre le plus précieux, l'homme, est ici pétri et façonné ; et, aux coups du ciseau de l'artiste des mondes dionysiens, répond le cri des Mystères d'Éleusis : « Vous tombez prosternés à genoux, millions d'êtres ? Monde, pressens-tu le Créateur ? »[5]

2.

Nous avons jusqu'à présent considéré l'esprit apollinien et son contraire, l'esprit dionysien, com-me des forces artistiques qui jaillissent du sein de la nature elle-même, *sans l'intermédiaire de l'artiste humain*, des forces par lesquelles les instincts d'art de la nature s'assouvissent tout d'abord et directement : d'une part, comme le monde d'i-mages du rêve, dont la perfection ne dépend aucunement de la valeur intellectuelle ou de la culture artistique de l'individu, d'autre part, comme une réalité pleine d'ivresse qui, à son tour, ne se préoccupe pas de l'individu, poursuit même l'anéantissement de l'individu et sa dissolution libératrice par un sentiment d'identification mystique. Par rapport à ces phénomènes artistiques immédiats de la nature, tout artiste est un « imitateur », c'est-à-dire soit l'artiste du rêve apollinien, soit l'artiste de l'ivresse dionysienne, ou enfin, — par exemple dans la tragédie grecque, — à la

---

[5] Schiller, *Hymne à la joie*, qui forme la partie chorale de la IXe Symphonie de Beethoven. (N.d.T.)

fois l'artiste de l'ivresse et l'artiste du rêve. C'est comme tel que nous devons le considérer, quand, exalté par l'ivresse dionysiaque jusqu'au mystique renoncement de soi-même, il s'affaisse solitaire, à l'écart des chœurs en délire, et qu'alors, par la puissance du rêve apollinien, son propre état, c'est-à-dire son unité, son identification avec les forces primordiales les plus essentielles du monde, lui est révélé dans une *vision symbolique*.

Après ces prémisses et ces considérations générales, cherchons à reconnaître à quel degré et dans quelle mesure *ces instincts d'art de la nature* ont été développés chez les *Grecs* : nous nous trouverons par là en état de comprendre et d'apprécier plus profondément le rapport de l'artiste grec avec ses modèles primordiaux, ou, suivant l'expression d'Aristote, « l'imitation de la nature ». On ne peut guère émettre que des hypothèses au sujet des *rêves* des Grecs, malgré toute la littérature spéciale et les nombreuses anecdotes qui s'y rapportent ; cependant on peut le faire avec une certaine sécurité : en présence de la précision et de la sûreté de leur vision plastique, unies à leur évidente et sincère passion de la couleur, on ne pourra se défendre, à la confusion de tous ceux qui naquirent plus tard, de supposer pour leurs rêves aussi une causalité logique des lignes et des contours, des couleurs et des groupes, un enchaînement des scènes rappelant leurs meilleurs bas-reliefs, dont la perfection et l'incomparable beauté nous autoriseraient certainement, si une comparaison était possible, à qualifier d'« Homères » les Grecs rêvant, et de « Grec rêvant », Homère lui-même : et cela avec une signification plus profonde que si l'homme moderne osait, à propos de ses rêves, se comparer à Shakespeare.

En revanche, nous n'avons plus besoin de former des conjectures pour dévoiler l'immense abîme qui sépare les *Grecs dionysiens* des barbares dionysiens. De tous les confins du vieux monde, — pour ne pas parler ici du nouveau, — de Rome jusqu'à Babylone, nous viennent les témoignages de l'existence de fêtes dionysiennes, dont les spécimens les plus élevés sont, au regard des fêtes dionysiennes grecques, ce que le satyre barbu empruntant au bouc son nom et ses attributs est à Dionysos lui-même. Presque partout l'objet de ces réjouissances est une licence sexuelle effrénée, dont le flot exubérant brise les barrières de la consanguinité et submerge les lois vénérables de la famille : c'est vraiment la plus sauvage bestialité de la nature qui se déchaîne ici, en un mélange horrible de jouissance et de cruauté, qui m'est toujours apparu comme le véritable « philtre de Circé ». Contre la fièvre et la frénésie de ces fêtes qui pénétrèrent jusqu'à eux par tous les chemins de la terre et des eaux, les Grecs semblent avoir été défendus et victorieusement protégés pendant quelque temps par l'orgueilleuse image d'Apollon, à laquelle la tête de Méduse était incapable d'opposer une force plus dangereuse que cette grotesque et brutale violence dionysienne. C'est dans l'art dorique que s'est éternisée cette attitude de majesté dédaigneuse d'Apollon. Mais lorsqu'enfin des racines les plus profondes de l'hellénisme se déchaînèrent de semblables instincts, la résistance devint plus difficile, et même impossible. L'action du dieu de Delphes se borna alors à arracher des mains de son redoutable ennemi, par une alliance opportune, ses armes meurtrières. Cette alliance est le moment le plus important de l'histoire du culte grec : de quelque côté que l'on regarde, on constate les bouleversements produits par cet événement. Ce fut la réconciliation de deux adversaires, avec la rigoureuse délimitation des lignes frontières que chacun, dorénavant, ne devait plus dépasser, et avec des échanges périodiques et solennels de présents ; au fond, l'abîme ne fut pas comblé. Mais si nous examinons comment, sous l'influence de cette paix finale, se manifesta la puissance dionysienne, nous reconnaîtrons dans les orgies dionysiaques des Grecs, en les comparant à la déchéance de l'homme au tigre et au singe des Sakhées babyloniennes, la signification de fêtes de rédemption libératrice du monde et de jours de transfiguration. Avec elles, pour la première fois, le joyeux délire de l'art envahit la nature ; pour la première fois, par elles, la destruction du principe d'individuation devient un phénomène artistique. L'exécrable philtre de jouissance et de cruauté devint impuissant : seul le singulier mélange qui forme le double caractère des émotions des rêveurs dionysiens en évoque le souvenir, — comme un baume salutaire rappelle le poison meurtrier, — je veux dire ce phénomène de la souffrance suscitant le plaisir, de l'allégresse arrachant des accents douloureux. De la plus haute joie jaillit le cri de l'horreur ou la plainte brûlante d'une perte irréparable. À travers ces fêtes grecques passe comme un soupir sentimental de la nature gémissant sur son morcellement en individus. Le chant et la mimique de ces rêveurs à l'âme hybride étaient pour le monde grec homérique quelque chose de nouveau et d'inouï : et en particulier, la *musique* dionysienne faisait naître en eux l'effroi et le frisson. Si la musique, en apparence, était déjà connue comme art apollinien, à y regarder de près, elle ne possédait cependant ce caractère qu'en qualité de battement cadencé des ondes du rythme, dont la puissance plastique eût été développée jusqu'à la représentation d'impressions apolliniennes. La musique d'Apollon était une architectonique sonore d'ordre dorique, mais dont les sons étaient fixés par avance, tels ceux des cordes de la cithare. Comme non apollinien, en fut soigneusement écarté cet élément qui est l'essence même de la musique dionysienne et de toute musique, la violence émouvante du son, le torrent unanime [de la mélodie][6] et le monde incomparable de l'harmonie. Dans le dithyrambe dionysien, l'homme est entraîné à l'exaltation la plus haute de toutes ses facultés symboliques ; il ressent et veut exprimer des sentiments qu'il n'a jamais éprouvés jusqu'alors : le voile de Maïa s'est déchiré devant ses yeux ; comme génie tutélaire de l'espèce, de la nature elle-même, il est devenu l'Un-absolu. Désormais, l'essence de la nature doit s'exprimer symboliquement ; un nouveau monde de symboles est nécessaire, toute la symbolique corporelle enfin ; non seulement la symbolique des lèvres, du

---

[6] Les t. donnaient: «du mélos».

visage, de la parole, mais encore toutes les attitudes et les gestes de la danse, rythmant les mouvements de tous les membres. Alors, avec une véhémence soudaine, les autres forces symboliques, celles de la musique, s'accroissent en rythme, dynamique et harmonie. Pour com-prendre ce déchaînement simultané de toutes les forces symboliques, l'homme doit avoir atteint déjà ce haut degré de renoncement qui veut se proclamer symboliquement dans ces forces : l'adepte dithyrambique de Dionysos n'est plus alors compris que de ses pairs ! Avec quelle stupéfaction dut le considérer le Grec apollinien ! Avec une stupéfaction qui fut d'autant plus profonde qu'un frisson s'y mêlait à cette pensée, que tout cela n'était cependant pas si étranger à sa propre nature ; oui, que sa conscience apollinienne n'était qu'un voile qui lui cachait ce monde dionysien.

3.

Pour comprendre cela, il nous faut démolir en quelque sorte pierre à pierre le merveilleux édifice de la *culture apollinienne*, jusqu'à ce que nous apercevions les fondations sur lesquelles il est établi. Nous apercevons tout d'abord, dressées sur le fronton de ce temple, les figures majestueuses des dieux *olympiens*, dont les exploits, rayonnant au loin dans leurs reliefs de marbre, font l'ornement de ses frises. Que l'image d'Apollon se rencontre parmi les autres, comme une divinité au milieu de divinités égales, et qui ne prétend point au rang suprême, ceci ne doit pas nous égarer. Le même instinct qui se personnifia dans Apollon engendra aussi en réalité tout ce monde olympien, dont, en ce sens, Apollon peut être considéré comme le père. Quel besoin inouï, quelle imprescriptible nécessité fit naître ce monde lumineux de créatures olympiennes ?

Quiconque, ayant au cœur une autre religion, approche de ces Olympiens, en quête d'élévation morale, de sainteté, d'immatérielle spiritualité, et cherche en leurs regards l'amour et la pitié, devra bientôt se détourner d'eux, irrité et déçu. Ici, rien ne rappelle l'ascétisme, l'immatérialité ou le devoir : c'est une vie exubérante, triomphante, dans laquelle tout, le bien comme le mal, est également divinisé. Et devant ce fantastique débordement de vitalité, l'observateur demeure interdit et se demande à quel philtre enchanté ces hommes follement joyeux ont pu puiser cette vivifiante ivresse, pour que, de quelque côté qu'ils regardent, leur apparaisse Hélène au doux sourire « planant comme le voluptueux symbole », l'image idéale de leur propre existence. Cependant, nous devons crier à ce contemplateur désenchanté : « Ne t'éloigne pas ; mais écoute d'abord ce que raconte la sagesse populaire des Grecs au sujet de cette vie même, qui se déroule devant toi avec une aussi inexplicable sérénité. D'après l'antique légende, le roi Midas poursuivit longtemps dans la forêt le vieux *Silène*, compagnon de Dionysos, sans pou-voir l'atteindre.

Lorsqu'il eut enfin réussi à s'en emparer, le roi lui demanda quelle était la chose que l'homme devrait préférer à toute autre et estimer au-dessus de tout. Immobile et obstiné, le démon restait muet, jusqu'à ce qu'enfin, contraint par son vainqueur, il éclata de rire et laissa échapper ces paroles : « Race éphémère et misérable, enfant du hasard et de la peine, pourquoi me forces-tu à te révéler ce qu'il vaudrait mieux pour toi ne jamais connaître ? Ce que tu dois préférer à tout, c'est pour toi l'impossible : c'est de n'être pas né, de ne pas *être*, d'être *néant*. Mais, après cela, ce que tu peux désirer de mieux, — c'est de mourir bientôt. »

Qu'est le monde des dieux olympiens au regard de cette sagesse populaire ? C'est la vision pleine d'extase du martyr torturé, opposée à ses supplices.

Maintenant la montagne enchantée de l'Olympe s'entr'ouvre devant nos yeux, et nous en découvrons les assises. Le Grec connut et ressentit les angoisses et les horreurs de l'existence : pour qu'il lui fût possible de vivre, il lui fallut l'évocation de cette protectrice et éblouissante splendeur du rêve olympien. Ce trouble extraordinaire en face des puissances titaniques de la nature, cette Moire trônant sans pitié au-dessus de toute connaissance, ce vautour du grand ami de l'humanité, Prométhée, cet horrible destin du sage Œdipe, cette malédiction de la race des Atrides, qui contraint Oreste au meurtre de sa mère, en un mot toute cette philosophie du dieu des forêts avec les mythes qui s'y rattachent, cette philosophie dont périrent les sombres Étrusques, — tout cela fut, perpétuellement et sans trêve, terrassé, vaincu par les Grecs, tout au moins voilé et écarté de leur regard, à l'aide de ce *monde intermédiaire* et esthétique des dieux olympiens. Pour pouvoir vivre, il fallut que les Grecs, poussés par la plus impérieuse des nécessités, créassent ces dieux ; et nous pouvons nous représenter cette évolution par le spectacle de la primitive théogonie titanique de l'effroi, se trans-formant sous l'impulsion de cet instinct de beauté apollinienne, et devenant, par d'insensibles transitions, la théogonie de la joie olympienne, — ainsi que d'un buisson d'épines naissent des roses. Comment ce peuple aux émotions si délicates, aux désirs si impétueux, ce peuple si exceptionnellement idoine à la *douleur*, aurait-il pu supporter l'existence, s'il n'en avait contemplé dans ses dieux l'image plus pure et radieuse. Ce même instinct, qui réclame l'art dans la vie, comme l'ornement, le couronnement de l'existence, comme le charme qui nous entraîne à continuer de vivre, engendra aussi le monde olympien, qui fut pour la « volonté » hellénique le miroir où sa propre image se reflétait transfigurée. Ainsi les dieux, en la vivant eux-mêmes, justifient la vie humaine, — unique théodicée satisfaisante ! Au clair soleil de ces dieux de lumière, l'existence apparaît comme digne en soi de l'effort de la vivre, et la véritable *douleur* des hommes homériques est alors d'être privés de cette existence et, avant tout, de penser à la mort prochaine ; de sorte qu'on peut dire maintenant, en renversant la sentence de Silène, que,

« pour eux, la pire des choses est une mort rapide et, en second lieu, de devoir mourir un jour ». Après que, pour la première fois, la plainte a retenti, elle jaillit de nouveau des lèvres d'Achille aux brèves années, elle s'élève de la multitude errante des races humaines semblables aux feuilles dispersées au gré du vent, son écho remplit le dé-clin de l'âge héroïque. Il n'est pas indigne des plus grands héros de désirer conserver la vie, même au prix d'un travail d'esclave. Sous l'influence apollinienne, la « volonté » désire si violemment cette existence, l'homme homérique s'identifie si complètement avec elle, que sa plainte elle-même se transforme en un hymne à la vie.

Il faut remarquer ici que cette harmonie, si passionnément admirée par l'humanité moderne, cette identification complète de l'homme avec la nature, pour laquelle Schiller a mis en usage l'expression de « naïveté », n'est en aucune façon un phénomène si simple, si évident en lui-même, et en même temps si inévitable, que nous *devions fatalement* le rencontrer au seuil de toute civilisation, comme un paradis de l'humanité : ce préjugé ne pouvait avoir cours qu'à une époque où l'on cherchait le type de l'artiste dans l'*Émile* de Rousseau, et où l'on s'imaginait avoir trouvé en Homère un artiste de cette espèce, un Émile élevé au sein de la nature. Lorsque nous rencontrons le « naïf » dans l'art, nous avons à reconnaître l'apogée de l'action de la culture apollinienne, qui, toujours, doit d'abord renverser un empire de titans, vaincre des monstres, et, par la puissante illusion de rêves joyeux, triompher de la profonde horreur du spectacle du monde et de la plus exaspérée sensibilité à la souffrance. Mais cette naïveté, cette complète absorption dans la beauté de l'apparence, comme elle est rarement atteinte ! Ce qui fait l'inexprimable sublime d'Homère, c'est qu'il est à cette culture populaire apollinienne ce que l'artiste de rêve est à la faculté de rêve du peuple et de la nature en général. La « naïveté » homérique ne doit être comprise que comme la complète victoire de l'illusion apollinienne : c'est une illusion semblable à celles suscitées si souvent par la nature pour en arriver à ses fins. Le dessein véritable est dissimulé sous une trompeuse apparence : nous tendons les bras vers cette image, et, par notre illusion, la nature atteint son but. Chez les Grecs, la « volonté » voulait se contempler elle-même, dans la transfiguration du génie et de l'art ; pour se glorifier, il fallait que les créatures de cette « volonté » se sentissent elles-mêmes dignes d'être glorifiées ; il fallait qu'elles se reconnussent dans une sphère supérieure, sans que la perfection de ce monde idéal agît comme une contrainte ou comme un reproche. Et c'est la sphère de beauté, dans laquelle elles voyaient les Olympiens comme leur propre image. À l'aide de ce mirage de beauté, la « Volonté » hellénique combattit cette aptitude à la souffrance, cette philosophie du mal et de la douleur, apanages corrélatifs de tout instinct artistique : et, tel un monument commémorant sa victoire, se dresse devant nous Homère, l'artiste naïf.

4.

L'analogie du rêve peut nous éclairer sur la nature de cet artiste naïf. Si nous imaginons le rêveur, plongé dans l'illusion du monde des rêves, et, sans détruire cette illusion, s'écriant : « Ce n'est qu'un rêve ! Je ne veux pas qu'il cesse ! Je veux le rêver encore ! » — si nous devons en conclure qu'il existe une joie intérieure profonde dans la contemplation des images du rêve ; si, d'autre part, pour pouvoir atteindre dans le rêve cette intime félicité contemplative, il nous faut avoir complètement oublié le jour et ses accablantes obsessions : nous pouvons alors, sous l'inspiration d'Apollon interprète des songes, expliquer tous ces phénomènes à peu près comme il suit. De même que, des deux moitiés de la vie, — celle où nous sommes éveillés, et celle du rêve, — la première nous semble incomparablement la plus parfaite, la plus importante, la plus sérieuse, la plus digne d'être vécue, je dirai même la seule vécue, de même aussi, bien que cela puisse ressembler à un paradoxe, je voudrais soutenir que le rêve de nos nuits a une importance égale, à l'égard de cette essence mystérieuse de notre nature, dont nous sommes l'apparence extérieure. En effet, plus je constate dans la nature ces instincts esthétiques tout puissants et la force irrésistible qui les pousse à s'objectiver dans l'apparence, à s'assouvir dans l'apparence libératrice, plus je me sens aussi entraîné à cette hypothèse métaphysique, que l'Être-absolu[7], l'Un-primordial, en tant qu'accablé d'éternelles misères et rempli de contradictions irréductibles, a besoin pour sa perpétuelle libération, à la fois de l'enchantement de la vision et de la joie de l'apparence ; et que, absolument et intégralement compris dans cette apparence, et constitués par elle, nous sommes obligés de la concevoir comme le Non-Être absolu c'est-à-dire comme un perpétuel devenir dans le temps, l'espace et la causalité, autrement dit comme une réalité empirique. Si nous faisons momentanément abstraction de notre propre « réalité », si nous concevons notre existence empirique, et celle du monde en général, comme une représentation suscitée à tout instant de l'Un-primordial, alors le rêve devra nous apparaître comme l'apparence de l'apparence, et, en cette qualité, comme une satisfaction plus parfaite encore de l'appétence primordiale à l'apparence. C'est pour la même raison que, du plus profond de la nature, s'élève cette joie indescriptible, en face de l'artiste naïf et de l'œuvre d'art naïve, qui n'est, elle aussi, qu'une « apparence de l'apparence ». L'un de ces immortels « naïfs », Raphaël, nous a rendu manifeste, dans un tableau quasi symbolique, cette réduction exponentielle de l'apparence en apparence qui est le procédé primordial de l'artiste naïf, et en même temps de la culture apollinienne. Dans sa *Transfiguration*, la partie inférieure du tableau, avec l'enfant possédé, les porteurs désespérés, les disciples glacés d'effroi, nous montre le spectacle de

---

[7] C'est ainsi que les t. rendent *Wahrhaft-Seiende*. P. Lacoue-Labarthe, par exemple, préférera «être-véritable». (N.d.É.)

l'éternelle douleur originelle, principe unique du monde. L'« apparence » est ici le reflet, la contre-apparence de l'éternel conflit père des choses. De cette apparence s'élève alors, comme un parfum d'ambroisie, un monde nouveau d'apparences, comme une vision imperceptible à ceux qui sont prisonniers dans l'apparence première, — une éblouissante vision de l'extase la plus pure dans la béatitude contemplative du regard clairvoyant. Nous avons ici, devant les yeux, incomparablement symbolisés à l'aide de l'art, le monde de beauté apollinien et l'abîme qu'il recouvre, l'épouvantable sagesse de Silène, et nous percevons, par intuition, leur réciproque nécessité. Mais Apollon nous apparaît, derechef, comme l'image divinisée du principe d'individuation dans lequel seul s'accomplissent les fins éternelles de l'Un-primordial, sa libération par la vision, par l'apparence : avec des gestes sublimes, il nous montre combien tout le monde de la souffrance est nécessaire, pour que par lui l'individu soit poussé à la création de la vision libératrice et qu'alors, abîmé dans la contemplation de cette vision, il de-meure calme et plein de sérénité, dans sa fragile embarcation ballottée par les vagues de la pleine mer.

Cette divinisation de l'individuation, si l'on se la représente surtout comme impérative et régulatrice, ne connaît qu'une seule loi, l'individu, c'est-à-dire le maintien des limites de la personnalité, la *mesure*, au sens hellénique. Apollon, comme divinité éthique, exige des siens la mesure, et, pour la pouvoir conserver, la connaissance de soi-même. Et, ainsi, à l'exigence esthétique de la beauté nécessaire, vient s'ajouter la discipline de ces préceptes : « Connais-toi toi-même ! » et : « Ne vas pas trop loin ! » tandis que l'outrecuidance et l'exagération sont les démons hostiles de la sphère non-apollinienne, et, en cette qualité, appartiennent en propre à l'époque anté-apollinienne, à l'ère des Titans et au monde extra-apollinien, c'est-à-dire au monde barbare. À cause de son titanesque amour de l'humanité, Prométhée dut être déchiré par le vautour ; pour sa trop grande sagesse qui lui fit deviner l'énigme du Sphinx, Œdipe fut en-traîné dans un tourbillon inextricable de monstrueux forfaits : c'est ainsi que le dieu de Delphes interprétait le passé grec.

De même, au Grec apollinien, paraissait « titanesque » et « barbare » l'émotion provoquée par l'état *dionysiaque* : et cela sans qu'il pût pourtant se dissimuler l'affinité profonde qui le rattachait à ces Titans vaincus et à ces héros. Il dut même ressentir quelque chose de plus : son existence entière, avec toute sa beauté et sa mesure, reposait sur l'abîme caché du mal et de la connaissance, et l'esprit dionysien lui montrait de nouveau le fond du gouffre. Et cependant, Apollon ne put vivre sans Dionysos ! Le « titanique », le « barbare » fut, en dernier ressort, une aussi impérieuse nécessité que l'apollinien. Imaginons maintenant comme dut résonner, à travers ce monde artificiellement endigué de l'apparence et de la mesure, l'ivresse extatique des fêtes de Dionysos en mélodies enchantées et séductrices ; comme, en ces chants, éclata, semblable à un cri déchirant, tout l'*excès démesuré* de la nature, en joie, douleur et connaissance ; représentons-nous ce que pouvait valoir, au regard de ce chœur démoniaque des voix du peuple, la psalmodie de l'artiste apollinien, scandée par les sons étouffés des harpes ! Les muses des arts de l'« apparence » pâlirent devant un art qui proclamait la vérité dans son ivresse ; à la sérénité olympienne la sagesse de Silène cria : « Malheur ! Malheur ! » L'individu, avec toute sa pondération et sa mesure, s'écroula dans l'oubli de soi-même de l'état dionysien et oublia les préceptes apolliniens. Le *démesuré* se révéla vérité, le conflit sentimental, l'extase née de la douleur, jaillit spontanément du cœur de la nature. Et c'est ainsi que, partout où pénétra l'esprit dionysien, l'influence apollinienne fut brisée et anéantie. Mais il est aussi incontestablement certain qu'à la place où fut soutenu le premier assaut, l'allure et la majesté du dieu de Delphes se manifestèrent plus impassibles et plus menaçantes que partout ailleurs. En effet, l'État et l'art des *Doriens* ne me semblent explicables que comme une forteresse avancée de l'esprit apollinien : c'est seulement au prix d'une lutte incessante contre la nature titanique et barbare de l'esprit dionysien que put vivre et durer un art aussi hautainement dur, aussi massivement fortifié, une éducation aussi guerrière et aussi rude, un principe de gouvernement aussi cruel et aussi brutal.

J'ai développé dans ce qui précède ce que j'avais avancé au commencement de cette étude : j'ai montré comment l'esprit dionysien et l'esprit apollinien, par des manifestations successives, par des créations toujours nouvelles et se renforçant mutuelle-ment, ont dominé l'âme hellène : comment de l'âge d'« airain », avec ses combats de Titans et l'amertume de sa philosophie populaire, naît et grandit peu à peu le monde homérique, sous l'influence tutélaire de l'instinct de beauté apollinien ; comment cette splendeur « naïve » fut engloutie de nouveau par le torrent dionysien envahisseur, et comment, en face de ces puissances nouvelles, se dresse l'esprit apollinien dans la raideur majestueuse de l'art dorique et de la conception dorienne du monde. Si, en ce qui concerne la lutte de ces deux principes ennemis, l'histoire des premiers hellènes se divise ainsi en quatre grandes périodes artistiques, nous sommes maintenant amenés à nous demander vers quel ultime objet tendaient ces transformations et ces efforts, au cas que nous ne voudrions pas considérer leur dernière manifestation, l'art dorique, comme le terme et le but suprême de ces instincts esthétiques : et alors s'offre à nos regards l'œuvre d'art sublime et glorieuse de la *tragédie attique* et du dithyrambe dramatique, comme l'aboutissement de ces deux instincts, dont l'union mystérieuse, après un long antagonisme, se manifesta dans la splendeur d'un tel rejeton, — qui est à la fois et Antigone et Cassandre.

5.

Nous nous rapprochons maintenant du véritable objectif de nos recherches, qui est de connaître et de pénétrer le génie et l'œuvre d'art dionyso-apolliniens, ou tout au moins de pressentir la nature de cet agrégat mystérieux. Ici il faut nous demander d'abord en quel lieu du monde hellénique apparut pour la première fois ce germe nouveau, dont l'évolution nous conduit jusqu'à la tragédie et au dithyrambe dramatique. L'antiquité elle-même s'est chargée de nous répondre symboliquement, en figurant côte à côte, sur ses gemmes, pierres gravées, etc., *Homère* et *Archiloque* comme les premiers ancêtres et flambeaux de la poésie grec-que, dans la conviction profonde que, seules, ces deux natures également et absolument originales doivent être considérées comme la source du torrent de feu qui se répandit ensuite sur tout le monde grec. Homère, le vieillard rêveur et perdu dans ses pensées, le type de l'artiste naïf, apollinien, contemple avec étonnement le visage passionné du belliqueux serviteur des muses Archiloque, s'élançant farouche et fougueux à travers la vie, et l'esthétique moderne ne saurait guère ajouter à ce tableau que cette réflexion : qu'à l'artiste « objectif » est ici opposé le premier artiste « subjectif ». Cette explication a pour nous peu d'utilité, parce que l'artiste subjectif n'est, à nos yeux, qu'un mauvais artiste, et que nous exigeons, dans toute manifestation artistique et à tous les degrés de l'art, avant tout et en premier lieu la victoire sur le subjectif, l'affranchissement de la tyrannie du « moi », l'abolition de toute volonté et de tout désir individuel ; parce que, sans objectivité, sans contemplation pure et désintéressée, nous ne pouvons même croire jamais à une activité créatrice véritablement artistique, fût-ce la plus infime. C'est pour-quoi notre esthétique doit d'abord résoudre le problème de la possibilité du « lyrique » en tant qu'artiste : le « lyrique », d'après l'expérience de tous les temps, disant toujours « je » et vocalisant devant nous toute la gamme chromatique de ses passions et de ses désirs. Et justement cet Archiloque, à côté d'Homère, nous épouvante par le cri de sa haine et de son mépris insultant, par les explosions délirantes de ses appétits ; n'est-il pas, lui, le premier artiste subjectif, par cela même le véritable non-artiste ? Mais d'où vient alors la vénération que témoigne à ce poète, par des sentences mémorables, précisément aussi l'oracle de Delphes, ce foyer de l'art « objectif » ?

Schiller nous a éclairés sur le mécanisme de sa propre création poétique par une observation psychologique qui lui paraissait inexplicable ; il avoue en effet que, pour lui, la condition préparatoire favorable à la création poétique n'était pas la vision d'une suite d'images, avec une causalité coordonnée des pensées, mais bien plutôt une *disposition musicale* : « La perception est chez moi tout d'abord sans objet clair et défini ; celui-ci se forme plus tard. Un certain état d'âme musical le précède et engendre en moi l'idée poétique. » Si nous ajoutons maintenant à ces données le phénomène le plus important de tout l'art lyrique antique, phénomène qui paraissait alors naturel à tous, l'association et même l'identité du *poète lyrique* et du *musicien*, — en comparaison de laquelle notre lyrisme moderne semble une statue de dieu sans tête, — nous pouvons, d'après les principes précédemment exposés de notre métaphysique esthétique, nous expliquer le poète lyrique de la manière suivante : il s'identifie d'abord d'une façon absolue avec l'Un-primordial, avec sa souffrance et ses contradictions et reproduit l'image fidèle de cette unité primordiale en tant que musique, si toutefois celle-ci a pu être qualifiée avec raison de répétition, de second moulage du monde ; mais alors, sous l'influence apollinienne du rêve, cette musique se manifeste à lui d'une manière sensible, visible comme dans une *vision symbolique*. Ce reflet, sans forme et sans sujet, de la souffrance primordiale dans la musique, par son évolution libératrice dans l'apparence de la vision, produit maintenant un nouveau mirage, comme symbole concret ou exemple. Déjà l'artiste a abdiqué sa subjectivité sous l'influence dionysiaque : l'image qui lui montre à présent l'identification absolue de lui-même avec l'âme du monde est une scène de rêve qui symbolise perceptiblement ces conflits et cette souffrance originels, en même temps que la joie primordiale de l'apparence. Le « je » du lyrique résonne donc du plus profond abîme de l'Être ; sa « subjectivité », au sens des esthéticiens modernes est une illusion. Quand Archiloque, le premier lyrique des Grecs, témoigne aux filles de Lycambe à la fois son furieux amour et son mépris, ce ne sont pas ses passions que nous contemplons emportées dans le vertige d'une ronde orgiastique : nous voyons Dionysos et les Ménades, nous voyons Archiloque, plongé dans un profond sommeil, — tel que le décrit Euripide dans les *Bacchantes*, le sommeil dans les hauts chemins des montagnes, sous le soleil de midi. — Alors Apollon s'avance vers lui et l'effleure de son laurier. Et l'enchantement dionyso-musical du dormeur déborde et jaillit en images étincelantes, en poèmes lyriques qui, à l'apogée de leur évolution future, s'appelleront tragédies et dithyrambes dramatiques.

L'artiste plastique, aussi bien que l'artiste épique qui lui ressemble, s'abîme dans la contemplation des images. Sans le secours d'aucune image, le musicien dionysien est à lui seul et lui-même la souffrance primordiale et l'écho primordial de cette souffrance. Le génie lyrique sent naître en soi, sous l'influence mystique du renoncement à l'individualité et de l'état d'identification, un monde d'images et de symboles dont l'aspect, la causalité et la rapidité sont tout autres que ceux du monde de l'artiste plastique ou épique. Tandis que ce dernier ne vit, n'est heureux qu'au milieu de ces images, et ne se lasse jamais de les contempler amoureusement dans leurs plus petits détails ; alors que même l'évocation d'Achille furieux n'est pour lui qu'une image dont il savoure l'expression violente avec le plaisir qu'il ressent à l'apparence perçue dans le rêve, — et qu'ainsi, par ce miroir de l'apparence, il est protégé contre la tentation de se con-fondre en ses figures, de s'identifier à elles d'une manière absolue, — les images du lyrique, au contraire, ne sont autre chose que lui-même, et, en quelque sorte, seulement des objectivations diverses de soi-même.

C'est pourquoi, en tant que moteur central de ce monde, il peut se permettre de dire « je » : mais ce Moi n'est pas celui de l'homme éveillé, de l'homme de la réalité empirique, mais bien l'unique Moi existant véritablement et éternellement au fond de toutes choses et, par les images à l'aide desquelles il le manifeste, le poète lyrique pénètre jusqu'au fond de toutes choses. Représentons-nous maintenant celui-ci lorsqu'il s'aperçoit aussi *lui-même* parmi ces images, non pas comme génie évocateur, mais comme « sujet » avec toute la cohue de ses passions et de ses aspirations subjectives, dirigées vers un but déterminé qui lui paraît réel ; s'il semble, à présent, que le génie lyrique et sa personnalité subjective, le non-génie lié à lui, soient identiques, et que le premier dise de soi-même ce petit mot « je », cette apparence ne pourra plus nous induire en erreur, comme elle a certainement égaré ceux qui ont considéré le poète lyrique comme un poète subjectif. En réalité, Archiloque, l'homme aux passions ardentes, rempli d'amour et de haine, est seulement une vision du génie qui déjà n'est plus Archiloque, mais bien génie de la nature, et exprime symboliquement sa souffrance primordiale dans cette figure allégorique de l'homme Archiloque ; tandis que cet Archiloque, en tant que créature voulant et désirant subjectivement, ne peut et ne pourra jamais être poète. Mais il n'est pas du tout nécessaire que ce soit ce seul phénomène d'Archiloque homme qui se présente aux regards du poète lyrique comme le reflet apparent de l'Être-éternel, et la tragédie nous montre combien le monde de vision du poète lyrique peut s'éloigner de ce phénomène qui lui est cependant si proche.

Schopenhauer, qui ne s'est pas dissimulé la difficulté de l'étude philosophique de l'artiste lyrique, croit avoir trouvé un expédient auquel je ne puis adhérer, alors que lui seul, avec sa profonde métaphysique de la musique, avait en main le moyen de résoudre définitivement ce problème, comme je crois l'avoir fait ici dans son esprit et à son honneur. Il définit au contraire (*MVR*, I) le caractère propre du *Lied* ainsi : « C'est le sujet de la volonté, c'est-à-dire le vouloir personnel, qui remplit la conscience de celui qui chante, souvent comme un vouloir affranchi, satisfait (joie), mais plus souvent encore angoissé (tristesse), toujours comme émotion, passion, agitation de l'âme. À côté et en même temps à cause de cela, celui qui chante prend cependant conscience, par le spectacle de la nature ambiante, de sa condition de sujet de la connaissance pure et dénuée de volonté, dont l'impassibilité sereine et inaltérable forme alors contraste avec l'ardeur impulsive du vouloir toujours limité et pourtant toujours inassouvi : le sentiment de ce contraste, ce processus d'alternative est proprement ce qui s'exprime dans l'ensemble du *Lied* et ce qui constitue l'état d'âme lyrique. Dans celui-ci, la connaissance pure s'avance en quelque sorte vers nous, pour nous affranchir du vouloir et de son impulsion. Nous suivons ; mais pourtant seulement par instants. Toujours le vouloir, le souvenir de nos desseins personnels, nous arrache de nouveau à la contemplation sereine ; mais toujours aussi la beauté im-médiate du milieu ambiant, dans lequel se manifeste à nous la connaissance pure et dénuée de volonté, nous détourne de nouveau du vouloir. C'est pourquoi, dans le *Lied* et la disposition lyrique, le vouloir (l'intérêt aux desseins personnels) et la pure contemplation de la nature ambiante, sont merveilleusement mélangés. On recherche et on imagine des rapports, des affinités entre ces deux éléments contraires ; la disposition subjective, le trouble de la volonté, prête au spectacle de la nature ambiante le reflet de sa couleur, et réciproquement. Le véritable *Lied* est l'expression de l'ensemble de cet état d'âme à la fois si mêlé et si divisé. »

Qui se refuserait à reconnaître que, par cette description, l'art lyrique est ici caractérisé comme un art précaire, atteint, en quelque sorte, par à-coup successifs et le plus souvent impuissant à réaliser des desseins, enfin comme un demi-art, dont la *nature essentielle* consisterait en un étrange amalgame du vouloir et de la contemplation pure, c'est-à-dire de l'état non-esthétique et de l'état esthétique ? Nous sommes bien plutôt d'avis que tout ce contraste, qui paraît être, pour Schopenhauer, une sorte de mesure de valeur, à l'aide de laquelle il jauge les arts, ce contraste du subjectif et de l'objectif, est d'une façon générale étranger à l'esthétique, puisque le sujet, l'individu voulant et pour-suivant ses desseins égoïstes, ne peut être conçu que comme adversaire, et non comme cause créatrice de l'art. Mais, en tant qu'artiste, le sujet est affranchi déjà de sa volonté individuelle, et trans-formé, pour ainsi parler, en un médium par qui et à travers lequel le véritable sujet, le seul réelle-ment existant, triomphe et célèbre sa libération dans l'apparence. Car nous devons avant tout, pour notre confusion *et* notre gloire, être bien convaincus que toute la comédie de l'art n'est, en aucune façon, représentée pour nous, pour servir à notre amélioration et à notre éducation, pas plus enfin que nous ne sommes les véritables créateurs de ce monde de l'art. Mais nous avons certes le droit de penser que, pour son véritable créateur, nous sommes déjà des images et des projections artistiques, et que notre gloire la plus haute est notre signification d'œuvres d'art, — car c'est seulement comme *phénomène esthétique* que peuvent se *justifier* éternellement l'existence et le monde ; — tandis qu'en réalité nous avons presque aussi peu conscience de cette fonction qui nous est dévolue que les guerriers peints sur une toile peuvent avoir conscience de la bataille qui y est représentée. Et ainsi toute notre connaissance de l'art est au fond absolument illusoire, parce que, en tant que possédant cette con-naissance, nous ne sommes pas unifiés et identifiés à ce principe essentiel qui, unique créateur et spectateur de cette comédie de l'art, s'en ménage une éternelle jouissance. C'est seulement dans l'acte de la production artistique et pour autant qu'il s'identifie à cet artiste primordial du monde que le génie sait quelque chose de l'éternelle essence de l'art ; car il est alors devenu, comme par miracle, semblable à la troublante figure de la légende, qui avait la faculté de retourner ses yeux en dedans et de se contempler soi-même ; il est maintenant, à la fois sujet et objet, à la fois poète, acteur et spectateur.

6.

En ce qui concerne Archiloque, les investigations des savants ont établi qu'il introduisit la *chanson populaire* dans la littérature, et [qu'il doit][8] à ce fait la place unique qui lui fut accordée à côté d'Homère dans l'universelle vénération des Grecs. Mais, opposée à l'épopée exclusivement apollinienne, qu'est la chanson populaire, sinon le *perpetuum vestigium* d'un mélange de l'apollinien et du dionysien ? Son extraordinaire et croissante diffusion parmi tous les peuples, en des manifestations toujours nouvelles, nous est un témoignage de la force de ce double instinct artistique de la nature ; instinct qui laisse son empreinte dans la chanson populaire de la même façon que les impulsions orgiastiques d'un peuple se perpétuent éternelle-ment dans sa musique. Oui, il serait historiquement possible de démontrer que toute époque féconde en chansons populaires fut aussi au plus haut point tourmentée par des agitations et des entraînements dionysiens que nous devons toujours considérer comme cause latente et condition préalable de la chanson populaire.

Mais la chanson populaire nous apparaît avant tout comme miroir musical du monde, comme mélodie primordiale qui se cherche une image de rêve parallèle et exprime celle-ci dans le poème. *La mélodie est donc la matière première et universelle* qui, à cause de cela, peut aussi subir des objectivations diverses en des textes différents. Aussi est-elle, pour le sentiment naïf du peuple, l'élément prépondérant, essentiel et nécessaire. De sa propre substance, la mélodie engendre le poème, et sans cesse elle recommence ; *la forme en couplets de la chanson populaire* ne signifie pas autre chose, et ce phénomène m'avait toujours rempli d'étonnement jusqu'à ce que j'en eusse enfin trouvé cette explication. Si l'on considère, d'après cette théorie, un recueil de chansons populaires, par exemple « *Des Knaben Wunderhorn* », on verra par d'innombrables exemples comment, avec une inlassable fécondité, la mélodie fait jaillir autour d'elle, comme une pluie d'étincelles, des images qui, par leur diversité, leurs soudaines métamorphoses leur turbulente et perpétuelle collision, manifestent une force sauvage, étrangère à l'allure sereine de la vision épique. Au point de vue de l'épopée, on ne peut que condamner simplement ce monde d'images disparate et désordonné du lyrisme, et c'est ce que n'ont certainement pas manqué de faire, à l'époque de Terpandre, les solennels rapsodes épiques des fêtes apolliniennes.

Dans la poésie de la chanson populaire, nous voyons donc le langage employer tous ses efforts à *imiter la musique*, et c'est pour cela qu'avec Archiloque commence pour la poésie une vie nouvelle, opposée, de par ses racines les plus profondes, à la nature de la poésie homérique. Nous avons déterminé ainsi l'unique rapport possible entre la poésie et la musique, la parole et le son : la parole, l'image, l'idée recherchent une expression analogue à la

---

[8] Les t. donnaient «... et dut à ce fait la place...». (N.d.É.)

musique et subissent alors la puissance dominatrice de la musique. En ce sens, nous pouvons diviser l'histoire de la langue du peuple grec en deux courants principaux, suivant que le langage s'applique à imiter le monde des apparences et des images, ou celui de la musique. Que l'on veuille bien réfléchir avec attention sur la différence verbale de la couleur, de la construction syntaxique, du matériel de la langue chez Homère et chez Pindare, afin de comprendre l'importance de ce contraste : alors il deviendra clair à chacun, jusqu'à la plus complète évidence, qu'entre Homère et Pindare ont dû résonner *les airs de flûte orgiastiques d'Olympos*[9] qui, au temps d'Aristote, à un moment où la musique était infiniment plus avancée, soulevaient encore un enthousiasme délirant, et dont l'influence première avait certainement attiré dans la voie de l'imitation musicale tous les moyens d'expression poétique des hommes contemporains. Je veux rappeler ici un phénomène actuel, bien connu, et qui semble seulement choquer nos esthéticiens patentés. Il nous arrive tous les jours de constater que, pour traduire l'impression ressentie d'une symphonie de Beethoven, chacun des auditeurs se voit contraint d'employer des phrases imagées, un langage plein de métaphores, que cela soit peut-être parce qu'une interprétation des mondes d'images différents suscités par un morceau de musique se présente sous une apparence d'une très fantastique diversité, et même sous une apparence contradictoire. Il est tout à fait dans la nature de ces esthéticiens d'exercer leur pauvre esprit à railler des comparaisons de ce genre, et de passer sous silence le phénomène qui, seul, mérite réellement d'être expliqué. Oui, même lorsque le musicien a spécifié par des images poétiques le sens de sa composition, s'il qualifie une symphonie de « pastorale », s'il en intitule une des parties « scène au bord d'un ruisseau » et une autre « réunion joyeuse des villageois », toutes ces indications ne sont que des représentations symboliques, nées de la musique,— et non pas quelque chose comme une imitation de réalités extérieures étrangères à la musique, — et ces représentations ne peuvent en aucune façon nous fournir le moindre éclaircissement sur le contenu *dionysien* de la musique ; elles n'ont même, comparées à d'autres interprétations, aucune valeur exclusive absolue. Il nous faut alors appliquer ce processus de métamorphose de la musique en images à l'âme populaire, à une foule pleine de sève et de jeunesse, verbalement créatrice, pour arriver enfin à comprendre comment naquit la chanson populaire en couplets et comment toutes les ressources de la langue furent révolutionnées par le principe nouveau de l'imitation de la musique.

---

[9] Olympos le jeune (697 av. J.-C), joueur de flûte phrygien qui introduisit dans la pratique musicale l'usage du mode chromatique et auquel on attribue l'invention du mode enharmonique. Ce qui distingue Olympos, c'est qu'il était seulement musicien, alors qu'avant lui, chez les Grecs, tous les musiciens avaient été en même temps poètes. (N.d.T.)

S'il nous est ainsi permis de considérer le poème lyrique comme l'irradiation de la musique et son imitation en images et en idées, nous pouvons maintenant poser cette question : « En quelle qualité *apparaît* la musique dans le miroir de l'allégorie et des idées ? » *Elle apparaît comme volonté*, ce mot pris au sens de Schopenhauer, c'est-à-dire comme le contraire du sentiment esthétique purement contemplatif et dénué de volonté. Il faut ici distinguer aussi fortement que possible la notion de l'essence d'une chose de la notion de son *apparence* ; car, d'après son essence, il est impossible à la musique d'être volonté, parce que, en tant que volonté, elle devrait être absolument bannie du domaine de l'art, — la volonté est l'inesthétique en soi ; — mais, elle *apparaît* comme volonté. En effet, pour exprimer son apparence par des images, le poète lyrique met à contribution tous les mouvements de la passion, depuis le balbutiement de l'inclination naissante jusqu'à l'emportement du délire ; sous l'influence de l'irrésistible impulsion qui le porte à traduire la musique en symboles apolliniens, il ne conçoit toute la nature, et soi-même en elle, que comme l'éternel vouloir, l'éternelle appétence, l'insatiable désir. Mais, en tant qu'il interprète la musique par ses images, il repose lui-même au milieu du calme immuable de la contemplation apollinienne, si grande que puisse être autour de lui l'agitation tumultueuse de ce qu'il contemple par l'intermédiaire du médium de la musique. Oui, lorsque, grâce à ce médium, il s'aperçoit lui-même, sa propre image se montre ainsi à lui dans un état d'aspiration inassouvie : son propre vouloir, ses désirs, ses plaintes, son allégresse, sont pour lui des symboles à l'aide desquels il s'interprète la musique. Tel est le phénomène du poète lyrique : en tant que génie apollinien, il interprète la musique par l'image de la volonté, tandis que lui-même, entièrement affranchi de l'appétence de la volonté, est un pur regard qui contemple, imperturbable et radieux comme l'œil du soleil.

Toute cette explication se rattache étroitement à ce fait, que le lyrisme est aussi absolument dépendant de l'esprit de la musique que la musique elle-même, dans sa pleine liberté, est indépendante de l'image et de l'idée, n'en a pas *besoin*, mais les *tolère* seulement à côté d'elle. La poésie de l'artiste lyrique ne peut rien exprimer qui ne soit déjà contenu, avec la plus extraordinaire universalité et perfection, dans la musique qui l'oblige à cette traduction imagée. Aussi est-il impossible au langage d'arriver à épuiser la symbolique universelle de la musique, parce que celle-ci est l'expression symbolique de l'antagonisme et de la douleur originels qui sont au cœur de l'Un-primordial, et qu'elle symbolise ainsi un monde qui plane au-dessus de toute apparence et existait avant tout phénomène. Comparée à elle, toute apparence n'est que symbole : c'est pourquoi le *langage*, comme organe et symbole des apparences, n'a jamais pu et ne pourra jamais manifester extérieurement l'essence intime la plus profonde de la musique ; bien au contraire, lorsqu'il se tourne vers l'imitation de la musique, il n'a jamais avec celle-ci qu'un contact superficiel, et toute l'éloquence lyrique est absolument impuissante à nous révéler le sens le plus profond de la musique.

7.

Il nous faut maintenant faire appel à tous les principes esthétiques exposés jusqu'ici, pour pouvoir nous diriger dans ce labyrinthe qu'est véritablement *l'origine de la tragédie grecque*. Je ne crois pas dire une absurdité en prétendant que ce problème n'a pas encore été sérieusement posé, et par conséquent moins encore résolu, si nombreuses qu'aient été déjà les spéculations tentées à l'aide des lambeaux flottants de la tradition antique, si souvent lacérés ou recousus l'un à l'autre. Cette tradition déclare, de la façon la plus formelle, *que la tragédie est sortie du chœur tragique*, et n'était à son origine que chœur et rien que chœur. Nous avons donc le devoir de pénétrer jusqu'à l'âme de ce chœur, qui fut le véritable drame originel, sans nous contenter si peu que ce soit des définitions esthétiques courantes, — d'après lesquelles ce chœur serait le spectateur idéal, ou aurait pour objet de représenter le peuple, en face de la classe princière à laquelle la scène était réservée. Cette dernière explication, empreinte d'une noble grandeur aux yeux de maint politicien — en ce qu'elle représente la loi morale immuable des démocratiques Athéniens comme incarnée dans le chœur du peuple, qui a toujours raison au milieu des extravagances et des divagations des rois, — cette explication peut avoir pour elle l'appui d'une parole d'Aristote ; elle n'a aucune valeur en ce qui concerne la formation originelle de la Tragédie, puisque cette opposition du peuple et du prince, en général toute idée politique ou sociale, est étrangère à son origine purement religieuse. Mais, bien que d'autres n'aient pas reculé devant ce blasphème, nous considérerions volontiers comme tel, au regard de la forme classique du chœur chez Eschyle et Sophocle, le fait de parler ici d'une manière de « représentation constitutionnelle du peuple ». Une semblable représentation fut inconnue *in praxi* aux constitutions des États antiques, et n'a, selon toute apparence, jamais été même « rêvée » dans la tragédie de ces peuples.

Beaucoup plus célèbre que cette définition politique du chœur est l'idée de A. W. Schlegel, qui veut nous faire considérer le chœur comme étant, jusqu'à un certain point, la substance et l'extrait de la foule des spectateurs, en un mot le « spectateur idéal ». En présence de cette tradition historique, qu'à l'origine la tragédie n'était que chœur, cette opinion est manifestement une allégation grossière, anti-scientifique et pourtant spécieuse[10] dont le succès n'est dû qu'à la forme concise de l'expression, à la prévention toute germanique pour tout ce qui est qualifié d'« idéal », et aussi à notre surprise momentanée. Nous sommes en effet surpris dès que nous comparons à ce chœur le public de théâtre qui nous

---

[10] Au sens de «séduisante» mais n'ayant qu'une valeur apparente. (N.d.É.)

est bien connu, et que nous nous demandons s'il serait vraiment possible de tirer de ce public une idéalisation quelconque analogue au chœur antique. Nous dénions à part nous cette possibilité et nous restons alors émerveillés aussi bien de la hardiesse de l'allégation de Schlegel que de la nature si totalement différente du public grec. Nous avions en effet toujours pensé que le véritable spectateur, quel qu'il puisse être, devait avoir toujours pleinement conscience que c'est une œuvre d'art qui est devant lui, et non une réalité empirique ; tandis que le chœur tragique des Grecs est nécessairement obligé de reconnaître, dans les personnages qui sont en scène, des êtres existant matériellement. Le chœur des Océanides croit vraiment voir devant soi le titan Prométhée et se considère comme tout aussi réellement existant que le dieu qui est sur la scène. Et ce serait le modèle le plus noble et le plus achevé du spectateur, celui qui, comme les Océanides, tiendrait Prométhée pour matériellement présent et réel ? Ce serait la marque distinctive du spectateur idéal que de courir sur la scène et de délivrer le dieu de ses bourreaux ? Nous avions cru à un public esthétique, et nous tenions le spectateur individuel en estime d'autant plus grande qu'il se montrait plus apte à concevoir l'œuvre d'art en tant qu'art, c'est-à-dire esthétiquement ; et voici que l'interprétation de Schlegel nous dépeint le spectateur parfait, idéal, subissant l'influence de l'action scénique, non pas esthétiquement, mais d'une manière matériellement empirique. Oh ! ces Grecs ! soupirions-nous ; ils nous renversent notre esthétique ! Et, par la force de l'habitude, nous répétions la formule de Schlegel aussi souvent que le chœur prenait la parole.

Mais la tradition [s'élève ici formellement] contre Schlegel[11] : le chœur en soi, sans scène, c'est-à-dire la forme primitive de la tragédie, et ce chœur de spectateurs idéaux sont incompatibles. Que serait une espèce d'art dont l'origine remonterait à la notion du spectateur envisagée sous la forme spéciale du « spectateur en soi » ? Le spectateur sans spectacle est une conception absurde. Nous craignons que l'origine de la tragédie ne puisse être expliquée ni par une haute estimation de l'intelligence morale de la foule, ni par la conception du spectateur sans spectacle, et ce problème nous semble trop profond pour être seulement effleuré par des considérations aussi superficielles.

Dans la célèbre préface de la *Fiancée de Messine*, Schiller a émis, à propos de la signification du chœur, une pensée infiniment plus précieuse, en considérant le chœur comme un rempart vivant dont s'entoure la tragédie, afin de se préserver de tout mélange, de se séparer du monde réel et de sauvegarder son domaine idéal et sa liberté poétique.

Par cet argument capital, Schiller combat l'idée généralement admise du naturel, de l'illusion communément exigée de la poésie dramatique. Alors que, sur le théâtre, le jour lui-même n'est qu'artificiel, que l'architecture est

---

[11] Les t. donnaient: «Mais la tradition, si formelle, s'élève ici contre Schlegel». (N.d.É.)

symbolique, et que le langage métrique revêt un caractère idéal, sur l'ensemble règne encore la fiction, [et on continuerait pourtant de tolérer comme liberté poétique ce qui, de fait, constitue l'essence même de toute poésie][12]. L'introduction du chœur est l'acte décisif par lequel fut loyalement et ouvertement déclarée la guerre à tout naturalisme dans l'art. — C'est, je crois, à cette manière de voir que notre époque soi-disant supérieure a appliqué l'épithète dédaigneuse de « pseudo-idéalisme ». Je crains qu'en revanche, avec notre actuelle vénération du naturel et du réel, nous ne soyons arrivés aux antipodes de l'idéalisme, c'est à-dire dans la région des musées de figures de cire. Dans celles-ci aussi il y a de l'art, comme il y en a dans certains romans contemporains en vogue, mais qu'on ne vienne pas nous obséder en prétendant que le « pseudo-idéalisme » de Schiller et de Gœthe soit surpassé par cet art.

Certes, c'est un domaine « idéal » que celui dans lequel, selon le juste sentiment de Schiller, le chœur de satyres grec, le chœur de la tragédie primitive, a coutume d'évoluer ; une sphère élevée, planant bien haut, au-dessus des chemins de la réalité où errent les mortels. Le Grecs s'est bâti, par ce chœur, l'échafaudage aérien d'un *ordre naturel* imaginaire et l'a peuplé *d'entités naturelles* imaginaires. C'est sur ces fondations que s'est élevée la tragédie, et, justement à cause de cette origine, elle fut, dès le début, affranchie d'une servile imitation de la réalité. Cependant, il ne s'agit aucunement ici d'un monde de fantaisie flottant arbitrairement entre le ciel et la terre, mais bien plutôt d'un monde doué d'une réalité et d'une vraisemblance égales à celles que l'Olympe et ses habitants possédaient aux yeux des Hellènes croyants. Le satyre, en tant que *choreute* dionysien, vit dans une réalité religieuse reconnue sous la sanction du mythe et du culte. Qu'avec lui commence la tragédie, que la sagesse dionysienne de la tragédie parle par sa bouche, c'est là pour nous un phénomène aussi étrange que, d'ailleurs, l'origine de la tragédie dans le chœur. Nous trouverons peut-être une base et un point de départ pour nos recherches futures, en admettant que le satyre, cette entité naturelle imaginaire, est à l'homme civilisé ce que la musique dionysienne est à la civilisation. Richard Wagner dit de cette dernière que ses effets sont abolis par la musique comme la clarté produite par la lueur d'une lampe est annihilée par la lumière du jour. Je crois que l'homme civilisé grec se sentait ainsi annihilé en présence du chœur des satyres, et c'est l'effet le plus immédiat de la tragédie dionysienne que les institutions politiques et la société, en un mot les abîmes qui séparent les hommes les uns des autres, disparaissent devant un sentiment irrésistible qui les ramène à l'état d'identification primordial de la nature. La consolation métaphysique — que nous laisse, comme je l'ai déjà dit, toute vraie tragédie, — la pensée que la vie, au fond des choses, en dépit de la variabilité des apparences, reste imperturbablement puissante et pleine de joie, cette

---

[12] Les t. donnaient: «l'erreur : ce ne serait pas assez de ne tolérer qu'en tant que licence poétique *ce qui* est véritablement l'essence de toute poésie.» (?) (N.d.É.)

consolation apparaît avec une évidence matérielle, sous la figure du chœur de satyres, du chœur d'entités naturelles, dont la vie subsiste d'une manière quasi indélébile derrière toute civilisation, et qui, malgré les métamorphoses des générations et les vicissitudes de l'histoire des peuples, restent éternellement immuables.

Aux accents de ce chœur est réconfortée l'âme profonde de l'Hellène, si incomparablement apte à ressentir la plus légère ou la plus cruelle souffrance ; il avait contemplé d'un œil pénétrant les épouvantables cataclysmes de ce que l'on nomme l'histoire universelle, et reconnu la cruauté de la nature ; et il se trouvait alors exposé au danger d'aspirer à l'anéantissement bouddhique de la volonté. L'art le sauve et, par l'art, — la vie le reconquiert.

Pendant l'ivresse extatique de l'état dionysiaque, abolissant les entraves et les limites ordinaires de l'existence, il y a en effet un moment *léthargique*, où s'évanouit tout souvenir personnel du passé. Entre le monde de la réalité dionysienne et celui de la réalité journalière se creuse ce gouffre de l'oubli qui les sépare l'un de l'autre. Mais aussitôt que réapparaît dans la conscience cette quotidienne réalité, elle y est ressentie comme telle avec dégoût, et une disposition ascétique, contemptrice de la volonté, est le résultat de cette impression. En ce sens, l'homme dionysien est semblable à Hamlet : tous deux ont plongé dans l'essence des choses un regard décidé ; ils ont *vu*, et ils sont dégoûtés de l'action, parce que leur activité ne peut rien changer à l'éternelle essence des choses ; il leur paraît ridicule ou honteux que ce soit leur affaire de remettre d'aplomb un monde disloqué. La connaissance tue l'action, il faut à celle-ci le mirage de l'illusion — c'est là ce que nous enseigne Hamlet ; ce n'est pas cette sagesse à bon compte de Hans le rêveur, qui, par trop de réflexion, et comme par un superflu de possibilités, ne peut plus en arriver à agir ; ce n'est pas la réflexion, non ! — c'est la vraie connaissance, la vision de l'horrible vérité, qui anéantit toute impulsion, tout motif d'agir, chez Hamlet aussi bien que chez l'homme dionysien. Alors aucune consolation ne peut plus prévaloir, le désir s'élance par-dessus tout un monde vers la mort, et méprise les dieux eux-mêmes ; l'existence est reniée, et avec elle le reflet trompeur de son image dans le monde des dieux ou dans un immortel au-delà. Sous l'influence de la vérité contemplée, l'homme ne perçoit plus maintenant de toutes parts que l'horrible et l'absurde de l'existence ; il comprend maintenant ce qu'il y a de symbolique dans le sort d'Ophélie ; maintenant il reconnaît la sagesse de Silène, le dieu des forêts : le dégoût lui monte à la gorge.

Et, en ce péril imminent de la volonté, *l'art* s'avance alors comme un dieu sauveur, apportant le baume secourable : lui seul a le pouvoir de transmuer ce dégoût de ce qu'il y a d'horrible et d'absurde dans l'existence en images idéales, à l'aide desquelles la vie est rendue possible. Ces images sont le *sublime*, où l'art dompte et assujettit l'horrible, et le *comique*, où l'art nous délivre du dégoût de l'absurde. Le chœur de satyres du dithyrambe fut le salut de l'art grec ; les accès de désespoir évoqués tout à l'heure s'évanouirent grâce au monde intermédiaire de ces compagnons de Dionysos.

8.

Le satyre, et aussi le berger de notre idylle moderne, sont tous deux le résultat d'une aspiration vers l'état primitif et naturel ; mais avec quelle ferme assurance le Grec s'empara de son homme des forêts, et quelle puérilité, quelle fadeur affiche le moderne niaisant devant la silhouette pomponnée d'un berger gracieux, sensible et jouant de la flûte ! La nature, indemne encore de toute atteinte de la connaissance, et que le contact d'aucune civilisation n'a violée, — voilà ce que le Grec voyait dans son satyre et pourquoi celui-ci ne lui paraissait pas encore semblable au singe. C'était, au contraire, le type primordial de l'homme, l'expression de ses émotions les plus élevées et les plus fortes, — en tant que rêveur enthousiaste que transporte la présence du dieu, compagnon compatissant en qui se répercutent les souffrances du dieu, voix profonde de la nature proclamant la sagesse, symbole de la toute-puissance sexuelle de la nature que le Grec avait appris à considérer avec une stupéfaction craintive et respectueuse. Le satyre était quelque chose de sublime et de divin : tel dut-il paraître surtout au regard désespéré de l'homme dionysien. Celui-ci eût été choqué par le fictif et pimpant berger : il éprouvait un ravissement sublime à contempler dévoilés et inaltérés les traits grandioses de la nature ; en face du type primordial de l'homme, l'illusion de la civilisation s'effaçait ; ici se révélait l'homme vrai, le satyre barbu, qui crie vers son dieu dans une jubilante ivresse. Devant lui, l'homme civilisé s'effondrait jusqu'à ne plus sembler qu'une menteuse caricature. Et Schiller a raison encore, en ce qui concerne ces commencements de l'art tragique : le chœur est un rempart vivant contre l'assaut de la réalité, parce que — chœur de satyres — il est une image plus vraie, plus réelle, plus complète de l'existence que l'homme civilisé qui s'estime généralement l'unique réalité. La sphère de la poésie n'est pas en dehors du monde, rêve impossible d'un cerveau de poète ; elle veut être justement le contraire, l'expression sans fard de la vérité, et, pour cela, il lui faut précisément rejeter la fausse parure de cette prétendue réalité de l'homme civilisé. Le contraste entre cette vérité propre à la nature et le mensonge de la civilisation agissant comme unique réalité est comparable à celui qui existe entre l'essence éternelle des choses, la chose en soi, et l'ensemble du monde des apparences ; et de même que la tragédie, à l'aide de son réconfort métaphysique, montre l'existence éternelle de cette essence de la vie, malgré la perpétuelle destruction des apparences, ainsi le chœur de satyres exprime déjà symboliquement le rapport primordial de la chose en soi et de l'apparence. Le berger de l'idylle moderne n'est qu'un composé de la somme d'illusions d'éducation qui lui sert de nature ; le Grec dionysien veut la vérité et la nature dans toute leur force, — il se voit métamorphosé en satyre.

Sous l'influence d'un tel état d'âme, la troupe rêveuse des serviteurs de Dionysos se sent transportée d'allégresse ; la puissance de ce sentiment les transforme eux-mêmes à leurs propres yeux, de telle sorte qu'ils s'imaginent renaître comme génies de la nature, comme satyres. La constitution postérieure du chœur tragique est l'imitation artistique de ce phénomène naturel ; il devint toutefois nécessaire de séparer alors les spectateurs dionysiens et ceux qui avaient subi la métamorphose dionysiaque.

Mais il faut toujours avoir présent à l'esprit que le public de la tragédie attique se retrouvait lui-même dans le chœur de l'orchestre, qu'il n'existait au fond aucun contraste, aucune opposition entre le public et le chœur : car tout cela n'est qu'un grand chœur sublime de satyres chantant et dansant, ou de ceux qui se sentaient représentés par ces satyres. Le mot de Schlegel doit être entendu ici dans un sens plus profond. Le chœur est le « spectateur idéal » pour autant qu'il est l'unique *voyant*, le voyant du monde de vision de la scène. Un public de spectateurs, tel que nous le connaissons, était inconnu aux Grecs : dans leurs théâtres, grâce aux gradins superposés en arcs concentriques, il était tout particulièrement facile à chacun de *faire abstraction* de l'ensemble du monde civilisé ambiant, et, en s'abandonnant à l'ivresse de la contemplation, de se figurer être soi-même un des personnages du chœur. D'après ce point de vue, nous pouvons nommer le chœur, sous sa forme primitive dans la tragédie originelle, l'image réfléchie de l'homme dionysien lui-même, et ce phénomène ne peut être plus nettement rendu sensible que par l'exemple de l'acteur qui, lorsqu'il est véritablement doué, voit flotter devant ses yeux l'image quasi matérielle du rôle qu'il interprète. Le chœur de satyres est, avant tout, une vision de la foule dionysienne comme, à son tour, le monde de la scène est une vision du chœur de satyres. La puissance de cette vision est assez forte pour éblouir le regard et le rendre insensible à l'impression de la « réalité », au spectacle des hommes civilisés rangés en cercle sur les gradins. La forme du théâtre grec rappelle celle d'une vallée solitaire : l'architecture de la scène apparaît comme un halo de nuées lumineuses que les Bacchantes, qui vont rêvant à travers les montagnes, aperçoivent des hauteurs, cadre glorieux au milieu duquel se révèle à leurs yeux l'image de Dionysos.

Cette apparition primordiale artistique, que nous présentons ici comme explication du chœur tragique, est presque choquante pour nos idées savantes sur le mécanisme élémentaire de l'art, alors que rien ne peut être plus certain que le poète est poète seulement parce qu'il se voit entouré de figures qui vivent et agissent devant lui, et qu'il regarde au plus profond de leur âme. Par une impéritie[13] particulière de nos facultés d'imagination moderne, nous sommes enclins à nous représenter le phénomène esthétique primordial comme trop compliqué et trop abstrait. La métaphore n'est pas pour le vrai poète une figure de rhétorique, mais bien une image substituée, qui plane réellement devant ses

---

[13] Incapacité. (N.d.É.)

yeux, à la place d'une idée. Le caractère n'est pas pour lui quelque chose de composé de traits isolés et rassemblés, mais une personne vivante, qui l'obsède et s'impose à lui, et qui ne se distingue de la vision analogue du peintre que par la vie et l'action. D'où vient l'incomparable clarté des descriptions d'Homère ? De l'incomparable netteté de sa vision. Si nous parlons de la poésie d'une manière si abstraite, c'est que nous sommes d'ordinaire tous mauvais poètes. Au fond, le phénomène esthétique est simple ; celui-là est poète qui possède la faculté de voir sans cesse des phalanges aériennes, vivant et se jouant autour de lui ; celui-là est dramaturge qui ressent une irrésistible impulsion à se métamorphoser soi-même, à vivre et agir par d'autres corps et d'autres âmes.

L'excitation dionysiaque a le pouvoir de communiquer à toute une foule cette faculté artistique de se voir entourée d'une semblable phalange aérienne, avec laquelle elle a conscience de ne faire qu'un. Ce processus du chœur tragique est le phénomène *dramatique* primordial : se voir soi-même métamorphosé devant soi et agir alors comme si l'on vivait réellement dans un autre corps, avec un autre caractère. Ce processus se constate dès le commencement de l'évolution du drame. Il y a ici un état différent de celui du rhapsode, qui ne s'identifie pas à ses images, mais qui, comme le peintre, les voit et les considère en dehors de lui-même ; il y a ici déjà une abdication de l'individu qui se perd dans une nature étrangère. Et, en réalité, ce phénomène se présente sous une forme épidémique : toute une foule, sous ce charme, se sent ainsi transformée. Par là, le dithyrambe se distingue essentiellement de tout autre chœur. Les vierges, qui, des branches de laurier à la main, s'avancent solennellement vers le temple d'Apollon en chantant des hymnes, conservent leur personnalité et leur nom : le chœur dithyrambique est un chœur de métamorphosés qui ont entièrement perdu le souvenir de leur passé familial, de leur position civique. Ils sont devenus les serfs de leur dieu, qui vivent en dehors de toute époque et de toute sphère sociale. Toute autre lyrique chorale des Hellènes n'est qu'une extraordinaire amplification du chanteur individuel apollinien ; tandis que le dithyrambe nous offre le spectacle d'une communauté d'acteurs inconscients qui se contemplent eux-mêmes, métamorphosés parmi les autres.

L'enchantement de la métamorphose est la condition préalable de tout art dramatique. Sous ce charme magique, le rêveur dionysien se voit transformé en satyre, et *en tant que satyre il contemple à son tour le dieu*, c'est-à-dire, dans sa métamorphose, il voit, hors de lui, une nouvelle vision, parachèvement apollinien de sa condition nouvelle. Dès l'apparition de cette vision, le drame est complet.

D'après ces données, nous devons considérer la tragédie grecque comme le chœur dionysien, dont les effusions débordantes s'épanouissent sans cesse en images apolliniennes. Ces parties chorales, dont la tragédie est parsemée, sont ainsi jusqu'à un certain point le giron maternel de tout le soi-disant dialogue, c'est-à-dire du monde scénique tout entier, du véritable drame. De la succession de plusieurs manifestations expansives de cette espèce, rayonne cette cause primordiale de la tragédie, cette vision du drame, qui est tout entière une apparition perçue dans le rêve et, en tant que telle, de nature épique, mais qui, d'autre part, comme objectivation d'un état dionysiaque, représente non pas la libération apollinienne dans l'apparence, mais au contraire la destruction de l'individu et son identification avec l'Être-primordial. Ainsi le drame est la représentation apollinienne de notions et d'influences dionysiennes, et ceci, comme un abîme insondable, le sépare de l'épopée.

Le *chœur* de la tragédie grecque, le symbole de toute foule exaltée par l'ivresse dionysiaque, se trouve alors clairement expliqué. Accoutumés au rôle habituel d'un chœur sur la scène moderne, surtout d'un chœur d'opéra, il nous était impossible de comprendre comment ce chœur tragique des Grecs pouvait être plus ancien, plus originel, oui, plus essentiel que la véritable « action » — ainsi que la tradition nous l'enseignait cependant avec une telle netteté. Nous ne savions non plus comment concilier cette haute importance et cette nature primordiale témoignées par la tradition, avec ce fait que, pourtant, le chœur était exclusivement composé de créatures humbles et serves et, à l'origine, de satyres aux pieds de bouc ; enfin l'orchestre devant la scène nous demeurait toujours une énigme. Nous sommes arrivés maintenant à comprendre que la scène et l'action, au fond et en principe, n'étaient conçues que comme *vision* ; que l'unique « réalité » est précisément le chœur, qui produit de soi-même la vision, et l'exprime à l'aide de toute la symbolique de la danse, du son et de la parole. Ce chœur contemple dans sa vision son maître et seigneur Dionysos et, à cause de cela, il est éternellement le chœur obéissant et serf : il voit comment le dieu souffre et se transfigure et, à cause de cela, il n'*agit* pas lui-même. Dans cette condition de servitude absolue vis-à-vis du dieu, il est cependant l'expression la plus haute, c'est-à-dire dionysienne, de la *nature* ; aussi parle-t-il comme elle, dans l'extase, en oracles et en maximes : en tant qu'il est *celui qui partage la souffrance*, il est en même temps *celui qui sait* et qui, du fond de l'âme du monde, annonce et proclame la vérité. Ainsi prend naissance cette fantastique et d'abord si choquante figure du satyre enthousiaste et possédant la sagesse, qui est aussi, en même temps, en opposition et contraste avec le dieu, « la créature brute » : image de la nature et de ses plus puissants instincts, oui, symbole de cette nature et en même temps héraut de sa sagesse et de son art : musicien, poète, danseur, visionnaire en une personne.

D'après ce que nous venons de reconnaître et conformément à la tradition, *Dionysos*, véritable héros de la scène et centre de la vision, n'est pas, dans la forme la plus ancienne de la tragédie, réellement présent, il est seulement imaginé comme présent : c'est-à-dire que la tragédie est d'abord seulement « chœur » et non « drame ». Plus tard, on essaya de montrer réellement le dieu et de représenter, visible au regard de chacun, l'image de vision transfigurée dans son cadre radieux ; alors commence le « drame » dans l'acception stricte du mot. Au chœur dithyrambique incombe désormais la tâche de porter l'esprit des auditeurs à un tel état d'exaltation dionysienne que, lorsqu'apparaît en scène le héros tragique, ils ne voient pas, comme on pourrait le penser, un homme au visage couvert d'un masque informe, mais bien une image de vision née, pour ainsi dire, de leur propre extase. Figurons-nous Admète, absorbé dans le souvenir de sa jeune femme à peine expirée, et perdu dans la contemplation idéale de son image ; — soudain on amène devant lui une femme voilée, dont les formes et l'allure rappellent celle qui n'est plus ; imaginons son trouble subit, le tremblement qui le saisit, le désordre de sa pensée qui compare, son instinctive certitude, — et, par cette analogie, nous comprendrons les sentiments qui agitaient le spectateur, sous l'influence de la surexcitation dionysiaque, lorsqu'il voyait paraître sur la scène et s'avancer vers lui le dieu dont les souffrances étaient déjà siennes. Inconsciemment, cette image du dieu qui, par un charme magique, flottait devant son âme, il la reportait sur le visage masqué et convertissait en quelque sorte cette réalité en une irréalité surnaturelle. Ceci est l'état de rêve apollinien, où le monde réel se couvre d'un voile, et dans lequel un monde nouveau, plus clair, plus intelligible, plus saisissant, et pourtant plus fantomal, naît et se transforme incessamment sous nos yeux. Aussi constatons-nous dans le style de la tragédie un contraste frappant : la langue, la couleur, le mouvement, la dynamique du discours, apparaissent, dans la lyrique dionysienne du chœur, et, d'autre part, dans le monde de rêve apollinien de la scène, comme des sphères d'expression absolument distinctes. Les apparences apolliniennes, dans lesquelles s'objective Dionysos, ne sont plus, comme la musique du chœur, « une mer éternelle, une effervescence multiforme, une vie ardente » ; elles ne sont plus ces forces naturelles seulement ressenties, non condensées encore en images poétiques, et par lesquelles le serviteur enthousiaste de Dionysos pressent l'approche du dieu : maintenant, la clarté et la précision de la forme épique lui parlent de la scène ; ce n'est plus par des forces occultes que s'exprime à présent Dionysos, mais, comme héros épique, presque dans le langage d'Homère.

9.

Dans la partie apollinienne de la tragédie grecque, dans le dialogue, la forme, l'apparence extérieure, est simple, transparente, belle. En ce sens, le dialogue est l'image de l'Hellène, dont la nature pourrait être symbolisée par la danse, parce que, dans la danse, la plus grande force n'est que virtuelle et se trahit seulement par la souplesse et l'exubérance du mouvement. Le langage des héros de Sophocle nous déroute à ce point, par sa précision et sa clarté apolliniennes, que nous nous figurons avoir immédiatement atteint jusqu'au plus profond de leur nature, et nous ressentons quelque étonnement de trouver le chemin si court. Mais faisons abstraction, pour un instant, du caractère extérieurement perceptible du héros — qui, au fond, n'est autre chose qu'une image lumineuse projetée sur une paroi obscure, c'est-à-dire absolument une apparence — ; pénétrons alors jusqu'au mythe, dont ces reflets lumineux sont la projection ; nous constatons soudain un phénomène qui se manifeste comme l'inverse d'un phénomène optique bien connu. Si, après nous être efforcés de regarder le soleil en face, nous nous détournons éblouis, des taches sombres apparaissent devant nos yeux, comme un remède bienfaisant qui calme notre douleur. Inversement, ces apparences lumineuses du héros de Sophocle, — en un mot le masque apollinien, — sont l'inéluctable conséquence d'une vision profonde de l'horrible de la nature ; ce sont comme des taches de lumière qui doivent soulager le regard cruellement dilaté par l'affreuse nuit. Seulement en ce sens, il nous est permis de croire que nous possédons la notion exacte, la conception sérieuse et significative de la « sérénité hellénique », tandis que, en réalité, sur tous les chemins et sentiers de la pensée contemporaine, nous nous heurtons à l'aspect mensonger d'aisance et de sécurité, sous lequel elle est généralement représentée.

La figure la plus douloureuse de la scène grecque, le malheureux Œdipe, fut conçue par Sophocle comme l'homme noble et généreux, voué malgré sa sagesse à l'erreur et à la misère, mais qui, par ses épouvantables souffrances, finit par exercer autour de soi une puissance magique bienfaisante, dont la force se fait sentir encore lorsqu'il n'est plus. L'homme noble et généreux ne pèche point, veut nous dire le poète profond. Toute loi, tout ordre naturel, le monde moral lui-même peuvent être renversés par ses actes ; justement ses actes eux-mêmes engendrent un cycle magique de conséquences plus hautes, qui, sur les ruines du vieux monde écroulé, viennent fonder un monde nouveau. C'est là ce que veut nous dire le poète, en tant que penseur religieux. Comme poète, il nous montre d'abord une énigme prodigieusement obscure et compliquée, que le justicier résout lentement, mot à mot, pour sa propre perte. La jouissance tout hellénique, que l'on éprouve en présence du côté dialectique de cette recherche, est telle qu'un souffle de sérénité réfléchie s'en répand sur l'œuvre entière et atténue l'horreur des événements qui ont amené une semblable situation. Dans *Œdipe à Colone*, nous sommes frappés de l'éclat incomparable dont cette sérénité se trouve comme transfigurée. En face du vieillard écrasé par la plus affreuse adversité et condamné, pour tout ce qui le concerne, à l'état d'un véritable *patient*, — se dresse la sérénité surnaturelle, descendue des sphères divines, qui nous montre que le héros, en cet état de pure passivité, atteint le plus haut degré de son activité, qui longtemps après lui demeure encore efficace, alors que les pensées et les efforts de sa vie antérieure n'ont fait que le conduire à la passivité. Ainsi se démêle lentement le nœud de l'action de la fable d'Œdipe, qui semble aux regards des mortels si inextricablement compliquée — et, devant l'harmonieux et divin contraste produit ici par le discours dialectique, la joie humaine la plus profonde nous saisit. Si nous avons rendu justice au poète, à l'aide de cette explication, on peut se demander encore si elle est suffisante pour épuiser toute la portée du mythe, et il apparaît alors nettement que toute l'interprétation du poète n'est que cette image lumineuse qui nous est offerte par la secourable nature après nos regards dans l'abîme, — et n'est rien autre chose. Œdipe, meurtrier de son père, époux de sa mère, Œdipe, vainqueur du Sphinx ! Que signifie pour nous la mystérieuse triade de ces actions fatales ? Une très ancienne croyance populaire, d'origine persane, veut qu'un mage prophète ne puisse être engendré que par l'inceste ; ce que, à l'égard d'Œdipe devineur d'énigmes, et qui posséda sa mère, nous devons immédiatement interpréter ainsi : lorsque, par une force magique et fatidique, le voile de l'avenir est déchiré, foulée aux pieds la loi de l'individuation et violé le mystère de la nature, une monstruosité anti-naturelle — comme l'inceste — en doit être la cause préalable. Car, comment forcer la nature à livrer ses secrets, si ce n'est en lui résistant victorieusement, c'est-à-dire par des actions contre-nature ? Dans cette horrible triade des destinées d'Œdipe, je reconnais la marque évidente de cette vérité : celui-là même qui résout l'énigme de la nature — ce sphinx hybride, — doit aussi, comme meurtrier de son père et époux de sa mère, renverser les plus saintes lois de la nature. Oui, le mythe semble nous murmurer à l'oreille que la sagesse, et justement la sagesse dionysienne, est une abomination anti-naturelle ; que celui qui, par son savoir, précipite la nature dans l'abîme du néant, doit s'attendre aussi à éprouver sur soi-même les effets de la dissolution de la nature. « La pointe de la sagesse se retourne contre le sage ; la sagesse est un crime contre la nature », telles sont les terribles paroles que nous crie le mythe. Mais, comme un rayon de soleil, le poète hellène effleure la sublime et effroyable colonne de Memnon du mythe, et soudain le mythe résonne, et chante — les mélodies de Sophocle !

Cette gloire de la passivité, je la compare à présent à cette auréole d'activité qui entoure le *Prométhée* d'Eschyle. Ce que le penseur Eschyle voulait nous dire ici, mais ce qu'en tant que poète il nous laissa seulement pressentir par le symbole, le jeune Gœthe sut nous le dévoiler jadis dans ces paroles téméraires de son Prométhée :

> Je suis assis à cette place et je modèle des hommes
> D'après mon image,
> Une race qui soit semblable à moi,
> Pour souffrir, pour pleurer,
> Pour jouir et se réjouir,
> Et ne pas te vénérer,
> Comme moi !

L'homme, s'exhaussant jusqu'au Titan, se conquiert à soi-même sa propre civilisation et force les dieux à s'allier à lui, parce que, grâce à la sagesse qui est sienne, il tient dans sa main l'existence des dieux et les limites de leur pouvoir. Mais ce qu'il y a de plus admirable dans ce poème de Prométhée, qui, dans sa pensée fondamentale, est le véritable hymne de l'impiété, c'est le profond sentiment eschyléen de *l'équité*. D'une part l'incommensurable souffrance de l'audacieux « solitaire », et, de l'autre, la misère divine, le pressentiment d'un crépuscule, enfin la puissance qui impose la réconciliation, l'identification métaphysique de ces deux mondes de douleurs, — tout cela rappelle avec la plus grande force le principe fondamental de la conception eschyléenne du monde, dans laquelle la Moire trône comme l'éternelle justice au-dessus des dieux et des hommes. En présence de l'étonnante hardiesse avec laquelle Eschyle met le monde olympien dans les plateaux de la balance de son équité, il faut nous rappeler que ce Grec profond possédait dans ses Mystères une base indéfectible et sûre de la pensée métaphysique, et que tous les accès de son scepticisme pouvaient se satisfaire à l'égard des Olympiens. En contemplant ces divinités, l'artiste grec ressentait avant tout un obscur sentiment de dépendance réciproque, et c'est ce sentiment qui est symbolisé dans le *Prométhée* d'Eschyle. L'artiste titanique trouva en soi l'arrogante conviction d'être capable de créer des hommes et de pouvoir tout au moins anéantir les dieux olympiens ; et cela par sa sagesse supérieure, qu'il dut d'ailleurs expier par une éternelle souffrance. Le « pouvoir » souverain du grand génie, pouvoir trop peu payé même au prix d'un malheur éternel, l'âpre orgueil de *l'artiste*, — tel est le contenu et l'âme du poème eschyléen, tandis que Sophocle, dans son Œdipe, entonne en préludant le chant de victoire du *saint*. Mais, même avec la portée que lui a donnée Eschyle, l'étonnante et effroyable profondeur du mythe n'est pas encore épuisée. Bien plus, cette joie de créer de l'artiste, cette sérénité de l'activité productrice qui semble défier toute infortune, n'est qu'une image lumineuse de nuages et de ciel qui se reflète dans le lac sombre de la tristesse. La légende de Prométhée est une propriété originelle de la race aryenne tout entière et un document qui témoigne de sa faculté pour le profond et le tragique ; et même il pourrait n'être pas invraisemblable que ce mythe eût pour la nature aryenne précisément la même signification caractéristique que la légende de la chute de l'homme pour la race sémitique, et qu'il existât entre ces deux mythes un degré de parenté semblable à celui d'un frère et d'une sœur. L'origine de ce mythe de Prométhée est la valeur inestimable qu'une humanité naïve accorde au *feu*, comme au véritable palladium de toute civilisation qui naît. Mais que l'homme pût disposer librement du feu, qu'il ne le reçût pas comme un présent du ciel, éclair qui enflamme ou rayon de soleil qui réchauffe, cela paraissait, à l'âme contemplative de ces hommes primitifs, un sacrilège, un vol fait à la nature divine. Et ainsi le premier problème philosophique établit entre l'homme et le dieu un douloureux et insoluble conflit, et le pousse, comme un bloc de rochers, en travers du seuil de toute civilisation. Ce que l'humanité pouvait acquérir de plus précieux et de plus haut, elle l'obtient par un crime, et il lui faut en accepter désormais les conséquences, c'est-à dire tout le torrent de maux et de tourments dont les immortels courroucés — *doivent* affliger la race humaine dans sa noble ascension. C'est là une âpre pensée qui, par la *dignité* qu'elle confère au crime, contraste étrangement avec le mythe sémitique de la chute de l'homme, où la curiosité, le mensonge, la convoitise, bref un cortège de sentiments plus spécialement féminins sont regardés comme l'origine du mal. Ce qui distingue la conception aryenne, c'est l'idée sublime du *péché efficace* considéré comme la véritable vertu prométhéenne ; et ceci nous livre en même temps le fondement éthique de la tragédie pessimiste : la *justification* de la souffrance humaine, justification non seulement de la faute de l'homme, mais aussi des maux qui en sont la conséquence. Le mal dans l'essence des choses, — dont l'aryen contemplatif n'est pas enclin à détourner sa pensée, — le conflit dans le cœur du monde, se manifeste à lui comme un chaos de mondes différents, d'un monde divin et d'un monde humain, par exemple, dont chacun est dans son droit en tant qu'« individu », mais, comme tel en face d'un autre, doit souffrir pour son individuation. Par l'héroïque élan de l'individu dans l'universel, par sa tentative de rompre le réseau de l'individuation et de vouloir être lui-même *l'unique* essence de l'univers, il fait sien le conflit primordial caché dans les choses, c'est-à-dire il devient criminel et souffre. Et ainsi l'aryen symbolise le crime par un homme et le sémite personnifie le péché par une femme ; de même aussi le crime originel fut consommé par un homme et le péché originel fut commis par une femme. D'ailleurs le chœur des sorcières chante[14] :

> Nous n'y regardons pas de si près :
> À la femme, il faut mille pas pour l'accomplir ;
> Mais si vite qu'elle se puisse dépêcher,
> À l'homme il suffit d'un saut.

Celui qui comprend ce sens profond de la légende de Prométhée — c'est-à-dire la nécessité du crime imposée à l'individu qui veut s'élever jusqu'au Titan — doit ressentir en même temps combien cette conception pessimiste est anti-apollinienne ; car Apollon veut apaiser les individualités précisément en les séparant, en traçant entre elles des lignes de démarcation dont il fait les lois du monde les plus sacrées, en exigeant la connaissance de soi-même et la mesure. Mais pour que cette influence apollinienne n'immobilisât pas la forme en une rigidité et une froideur égyptiennes, afin que la préoccupation d'assigner aux vagues individuelles leur route et leur carrière ne finît pas par anéantir dans la mer tout mouvement, le puissant flux dionysien vint apporter périodiquement le trouble dans chacun de tous les petits courants où l'exclusive « volonté » apollinienne cherchait à endiguer l'hellénisme. Ce torrent de la haute mer dionysienne se précipite alors soudain et soulève les remous ondulés des vagues individuelles, comme le frère de Prométhée, le Titan Atlas, souleva la terre. Ce désir de Titan, d'être l'Atlas de toutes les individualités, et de les porter en même temps sur ses épaules toujours plus haut et plus loin, est ce qu'il y a de commun entre le génie prométhéen et l'esprit dionysien. Le Prométhée d'Eschyle est, à ce point de vue, un masque dionysien, tandis que, par le

---

14 Gœthe, *Faust*, I.

sentiment profond d'équité dont nous avons parlé plus haut, Eschyle trahit sa descendance ancestrale d'Apollon, le dieu clairvoyant, le dieu de l'individuation et des limites imposées par l'esprit de justice. Et ainsi la double nature du Prométhée eschyléen, son essence à la fois dionysienne et apollinienne, pourrait être condensée dans cette formule sommaire : « Tout ce qui existe est juste et injuste, et dans les deux cas également justifiable. »

C'est là ton monde ! Cela s'appelle un monde ! —

10.

C'est une indiscutable tradition que la tragédie grecque, dans sa forme la plus ancienne, avait pour unique objet les souffrances de Dionysos et que, pendant la plus longue période de son existence, le seul héros de la scène fut précisément Dionysos. Mais on peut assurer avec une égale certitude qu'avant et jusqu'à Euripide Dionysos n'a jamais cessé d'être le héros tragique, et que tous les personnages célèbres du théâtre grec, Prométhée, Œdipe, etc., sont seulement des masques du héros originel Dionysos. Que, derrière ces masques, un dieu se cache, telle est la cause essentielle de l'« idéalité » typique si souvent admirée de ces glorieuses figures. Je ne sais qui a prétendu que tous les individus sont comiques en tant qu'individus et, partant, non tragiques ; d'où se déduirait que les Grecs, en général, ne *pouvaient* supporter les individus sur la scène tragique. [Et c'est ainsi qu'ils semblent en effet l'avoir senti, comme paraît l'indiquer la distinction platonicienne, profondément enracinée dans la nature hellène, de l'« Idée », en opposition à l'« Idole », à la copie.][15] Pour employer la terminologie de Platon, on pourrait expliquer les figures tragiques du théâtre grec à peu près ainsi : le seul [être] véritablement réel, Dionysos, apparaît dans une pluralité des figures sous le masque d'un héros combattant et se trouve en même temps enlacé dans les rets de la volonté particulière. Le dieu se manifeste alors, par ses actes et par ses paroles, comme un « individu » exposé à l'erreur, en proie au désir et à la souffrance. Et, qu'il *apparaisse* ainsi, avec cette précision et cette clarté, ceci est l'œuvre d'Apollon, interprète des songes, qui révèle au chœur son état dionysiaque par cette apparence symbolique. Mais, en réalité, ce héros est le Dionysos souffrant des Mystères, le dieu qui éprouve en soi les douleurs de l'individuation, et de qui d'admirables mythes racontent que, dans son enfance, il fut massacré et mis en pièces par les Titans, et adoré ainsi sous le nom de Zagreus. Cette légende signifie que cette mutilation, ce morcellement, la véritable *souffrance* dionysienne, peut être assimilée à une métamorphose en air, eau, terre et feu, et que nous devons, par conséquent,

---

[15] Les t. donnaient: «Et, c'est ainsi qu'ils semblent avoir senti, en effet, comme paraît l'indiquer la distinction platonicienne, profondément enracinée dans la nature hellène, de l'« Idée », en opposition à l'« Idole », à l'image.». (N.d.É.)

considérer l'état d'individuation comme la source et l'origine primordiale de tous les maux. Du sourire de ce Dionysos sont nés les dieux ; de ses larmes, les hommes. Dans cette existence de dieu mis en lambeaux, Dionysos possède la double nature d'un démon cruel et sauvage et d'un maître doux et clément. Mais l'espoir des Époptes fut alors une renaissance de Dionysos, que nous devons désormais pressentir comme la fin de l'individuation. C'est la venue de ce troisième Dionysos que chante l'hymne de joie frénétique des Époptes. Et, seule, cette espérance peut faire briller un rayon de joie sur la face du monde déchiré, morcelé en individus : ainsi que le montre la légende, par l'image de Déméter, plongée dans un deuil éternel et qui, seule-ment alors, retrouve *la joie*, quand on lui dit qu'elle pourra enfanter *encore une fois* Dionysos. Dans les considérations qui précèdent, nous possédons d'ores et déjà tous les éléments d'une idée du monde pessimiste et profonde et en même temps aussi *l'enseignement des Mystères de la Tragédie* : la conception fondamentale du monisme universel, la considération de l'individuation comme cause première du mal, l'art enfin figurant l'espoir joyeux d'un affranchissement du joug de l'individuation et le pressentiment d'une unité reconquise.

Il a été dit plus haut que l'épopée homérique est le poème de la culture olympienne, l'hymne de victoire où elle chanta les terreurs de la guerre des Titans. Sous l'influence prépondérante du poème tragique, les mythes homériques renaissent à pré-sent transformés et montrent par cette métempsycose que, depuis lors aussi, la culture olympienne a été vaincue par une idée du monde encore plus profonde. Le fier titan Prométhée a déclaré à son bourreau olympien que sa puissance serait un jour menacée du plus grand des dangers s'il ne s'unissait pas à lui au moment favorable. Dans Eschyle, nous reconnaissons l'alliance du Titan et de Zeus effrayé, craignant sa fin. Ainsi est ramenée du Tartare et rappelée au jour l'ère antique des Titans. La philosophie de la nature sauvage et nue contemple, à la lumière crue de la vérité, les mythes du monde homérique qui dansent devant elle : ils pâlissent, ils tremblent sous le regard étincelant de cette déesse — jusqu'à ce que la main puissante de l'artiste dionysien les force à servir la nouvelle divinité. La vérité dionysienne s'empare de tout l'empire du mythe comme du symbole de *sa* connaissance et exprime cette connaissance soit dans le culte public de la Tragédie, soit dans les fêtes secrètes des Mystères dramatiques, mais toujours sous le voile du mythe antique. Quelle fut cette force qui délivra Prométhée de son vautour et transforma le mythe en héraut de la sagesse dionysienne ? Ce fut la force herculéenne de la musique : quand celle-ci, arrivée dans la tragédie à sa plus haute expression, est alors capable d'interpréter le mythe avec une force nouvelle et un sens plus profond ; ce que nous avons caractérisé plus haut comme la plus puissante faculté de la musique. Car c'est le sort de tout mythe de déchoir peu à peu à une réalité soi-disant historique et d'être considéré, à une époque postérieure quelconque, comme un fait isolé se ré-clamant de l'histoire ; et les Grecs étaient d'ores et déjà absolument enclins à transformer arbitrairement et subtilement tous les mythes rêvés par leur jeunesse en d'historiques et pragmatiques *Annales de leur jeunesse.* Car c'est ainsi que les religions ont coutume de mourir : lorsque les mythes qui for-ment la base d'une religion en arrivent à être systématisés, par la raison et la rigueur d'un dogmatisme orthodoxe, en un ensemble définitif d'événements historiques, et que l'on commence à défendre avec inquiétude l'authenticité des mythes tout en se raidissant contre leur évolution et leur multiplication naturelles ; lorsque, en un mot, le sentiment du mythe dépérit pour être remplacé par la tendance de la religion à rechercher des fondements historiques. Alors, de ce mythe expirant, s'empara le génie naissant de la musique dionysienne, et, dans sa main, ce mythe s'épanouit une fois encore, comme une branche couverte de fleurs, avec des couleurs qu'on ne lui avait jamais connues et un parfum qui faisait naître enfin le pressentiment d'un monde métaphysique. Après cette dernière floraison, il meurt ; ses feuilles se flétrissent et bientôt les Luciens railleurs de l'antiquité s'efforcent d'en saisir les fleurs décolorées et fanées emportées par tous les vents. Le mythe acquiert, dans la tragédie, sa portée la plus profonde, sa forme la plus expressive ; encore une fois il se relève, comme un héros blessé, et, dans son regard brûlant, brille d'un ultime et puissant éclat le dernier regain de force, en même temps que le calme clairvoyant de la mort.

Quel était ton but, sacrilège Euripide, lorsque tu tentas d'asservir encore cet agonisant ? Il périt entre tes mains brutales ; et tu eus recours alors à un masque, une contrefaçon du mythe ; et ce pastiche, comme le singe d'Hercule, ne sut que s'attiffer de la parure pompeuse de l'antiquité. Et en perdant l'intelligence du mythe, tu perdis aussi le génie de la musique ; en vain de tes mains avides, tu essayas de piller toutes les fleurs de son parterre, tu n'obtins encore ainsi qu'un masque, une contre-façon de musique. Et parce que tu renias Dionysos, Apollon t'abandonna à son tour. Va relancer toutes les passions dans leur gîte pour les enfermer dans ton domaine, ajuste aux discours de tes héros une dialectique sophistique soigneusement limée et aiguisée — les passions de tes héros ne seront jamais qu'un masque, une contrefaçon de passions, leur langage ne sera jamais qu'un pastiche.

11.

La tragédie grecque ne finit pas comme tous les autres arts de l'antiquité : elle périt par le suicide, conséquence d'un conflit insoluble, donc tragiquement, tandis que ceux-ci s'éteignirent dans un âge avancé, de la mort la plus belle et la plus se-reine. En effet, de même que quitter la vie sans effort et entourées d'une admirable descendance semble le privilège de certaines natures favorisées, un semblable dénouement marque la fin des divers arts antiques : ils disparaissent lentement, et leur regard expirant peut percevoir encore leur incomparable lignée qui se dresse déjà pleine d'ardeur et d'impatience. La mort de la tragédie, au con-traire, produisit une impression universelle et profonde de vide monstrueux. Comme au temps de Tibère des navigateurs grecs égarés dans une île solitaire entendirent un jour cette terrifiante clameur : « Le grand Pan est mort ! » — ainsi retentit alors, à travers le monde hellène, comme un cri d'angoisse et de douleur : « La Tragédie est morte ! Perdue, avec elle, la poésie ! Silence ! Taisez-vous, épigones étiolés et pâles ! Aux Enfers ! afin que vous puissiez là-bas vous gaver des miettes des vieux maîtres ! »

Et lorsqu'apparut enfin une nouvelle forme d'art, qui saluait dans la tragédie son ancêtre et sa suzeraine, on dut constater avec effroi que cette forme reproduisait bien les traits de sa mère, mais juste-ment ceux que celle-ci avait montrés au cours de sa longue agonie. Cette agonie de la tragédie avait été l'œuvre d'Euripide ; cette forme d'art tardive est connue sous le nom de nouvelle *Comédie attique*. En elle survécut l'image dégénérée de la tragédie, comme l'emblème commémoratif de sa fin pénible et violente.

Ce rapprochement fait comprendre le goût passionné que ressentaient pour Euripide les poètes de la comédie nouvelle, et l'on n'est plus surpris du souhait de Philémon qui eût voulu se faire pendre sur l'heure uniquement afin de visiter Euripide aux Enfers ; étant supposée pourtant chez lui la conviction que le défunt avait conservé là-bas ses facultés intellectuelles. Si l'on veut indiquer sommairement, et sans prétendre exprimer par là quelque chose de définitif, ce qu'Euripide a de commun avec Ménandre et Philémon, et ce qui les entraînait d'une façon si puissante à le considérer comme un modèle, il suffit de constater que, par Euripide, le *spectateur* se trouve transporté sur la scène. Quiconque a reconnu de quelle substance, avant Euripide, les tragiques prométhéens formaient leurs héros, et combien ils étaient éloignés de vouloir apporter sur la scène un masque fidèle de la réalité, comprendra nettement aussi l'absolue divergence des tendances d'Euripide. Par lui, l'homme de la vie quotidienne sortit des rangs des spectateurs et envahit la scène ; le miroir, qui ne reflétait jadis que des traits nobles et fiers, accusa désormais cette exactitude servile qui reproduit minutieusement aussi les difformités de la nature. Ulysse, ce type du Grec de l'art antique, est ravalé maintenant par les nouveaux poètes à la taille d'un *græculus*, esclave familier, espiègle et rusé qui devient, dès ce moment, le pivot de l'intérêt dramatique. Quand, dans *les Grenouilles* d'Aristophane, nous entendons Euripide se vanter d'avoir délivré, à l'aide de ses remèdes de bonne femme, l'art tragique de son embonpoint pompeux, nous reconnaissons que, déjà, en présence des héros de ses tragédies, nous avions ressenti la même impression. Au fond, le spectateur voyait et entendait son propre double sur la scène d'Euripide, et il se sentait tout joyeux de l'habileté déployée par ce sosie dans ses discours. On n'en resta pas à cette satisfaction : d'Euripide, on apprit même à parler. Lorsqu'il concourut avec Eschyle, Euripide se glorifia d'avoir rendu le peuple capable désormais d'observer, d'agir et de raisonner d'après les règles de l'art et les lois les plus subtiles de la sophistique. C'est par cette transformation du langage public qu'il a réellement rendu possible la comédie nouvelle. Car, à partir de ce moment, les phrases ou les maximes par lesquelles on pouvait représenter sur la scène la vie de tous les jours ne furent plus, pour personne, un secret. La médiocrité bourgeoise, sur laquelle Euripide fondait toutes ses espérances politiques, prit alors la parole, tandis que jusque-là le demi-dieu dans la tragédie et le satyre enivré, créature demi-humaine, dans la comédie ancienne, avaient seuls déterminé le caractère du langage. Et l'Euripide d'Aristophane s'applaudit d'avoir représenté la vie commune, familière, quotidienne, accessible au jugement de chacun. Si désormais le peuple, la masse, argumente, gère pays et biens et conduit ses affaires avec une habileté jusqu'alors inconnue, c'est à lui qu'en revient le mérite, et c'est le résultat de la sagesse qu'il a inoculée au peuple. Une foule ainsi informée et pré-parée était mûre pour la comédie nouvelle, dont Euripide fut en quelque sorte le chef du chœur ; et, cette fois, c'était le chœur des spectateurs qu'il fallait éduquer. Lorsque celui-ci eut appris à chanter dans le mode d'Euripide, surgit cette espèce de jeu d'échecs dramatique, la nouvelle comédie, avec son habituelle apologie de l'adresse et de la ruse triomphantes. Et Euripide — le maître du chœur — fut exalté sans relâche ; oui, on se serait tué pour apprendre de lui quelque chose encore, si l'on n'avait pas eu conscience que, aussi complètement que la tragédie elle-même, les poètes tragiques étaient morts. Avec la tragédie, l'Hellène avait perdu la foi en sa propre immortalité ; il n'avait pas renoncé seulement à la foi en un passé idéal, mais aussi à la foi en un avenir idéal. Le mot de l'épitaphe connue : « Vieillard insouciant et capricieux », s'applique aussi à l'hellénisme vieilli. Le moment, la boutade, l'insouciance, la lubie fantaisiste sont ses idoles ; le cinquième état, celui des esclaves, ou tout au moins son sentiment, sa manière de penser, acquiert, maintenant la prépondérance ; et si l'on peut parler encore de « sérénité hellénique », il s'agit désormais de la sérénité de l'esclave, qui ne sait assumer de plus haute responsabilité que celle de l'heure présente, et dont le désir et l'admiration ne trouvent rien dans le passé ou dans l'avenir qui se puisse priser plus haut que le présent. Cet aspect de la « sérénité grecque » fut ce qui révolta les profondes et terribles natures des quatre premiers siècles du christianisme ; le fait de se dérober comme une femme devant ce qui est sérieux et effrayant, ce lâche laisser-aller au plaisir confortable, leur parut non seulement méprisable, mais encore comme le véritable sentiment anti-chrétien. Et c'est à leur influence qu'il faut attribuer l'opinion sur l'antiquité qui prévalut pendant des siècles avec une ténacité presque invincible, ce pâle incarnat de sérénité fade dont elle demeura colorée — comme si n'avait jamais existé ce sixième siècle, avec sa naissance de la tragédie, ses Mystères, son Pythagore et son Héraclite ; comme si n'avaient jamais vécu les œuvres d'art de la grande époque ; toutes manifestations qui ne peuvent pourtant en aucune façon s'expliquer par une semblable sérénité, un tel sensualisme sénile, ce bonheur de vivre d'esclave, et qui dénoncent la raison de leur existence dans une conception du monde toute différente.

On a avancé tout à l'heure qu'Euripide avait transporté le spectateur sur la scène pour élever en même temps et pour la première fois le spectateur jusqu'à la compréhension du drame, ce qui pourrait induire à admettre l'existence d'une disproportion latente entre l'art antique antérieur et l'intelligence du spectateur. On serait alors tenté de louer, comme un progrès sur Sophocle, la tendance radicale d'Euripide à établir un rapport convenable entre le public et l'œuvre d'art. Mais « le public » n'est qu'un mot et nullement une valeur toujours égale et constante en soi. Pourquoi l'artiste devrait-il se croire obligé de se soumettre à une puissance qui n'a sa force que dans le nombre ? Et s'il se sent supérieur, par son génie et ses aspirations, à chacun de ces spectateurs en particulier, comment lui serait-il possible de tenir en plus haute estime l'expression collective de ces capacités inférieures que l'intelligence de celui des spectateurs qui serait relativement le mieux doué ? En réalité aucun artiste grec n'a traité son public, durant tout le cours d'une longue vie, avec une effronterie et une insolence plus grandes que ne le fit précisément Euripide lui qui, même lorsque la foule se traînait à ses pieds, lui jetait encore ouvertement, avec une morgue hautaine, sa propre volonté à la face, ces tendances mêmes par lesquelles il avait vaincu la foule et la dirigeait à son gré. Si cet homme de génie avait eu le moindre respect pour le pandémonium du public, il se fût écroulé avant d'avoir atteint le milieu de sa carrière, sous les coups de massue de ses insuccès. Cette réflexion nous montre qu'en disant qu'Euripide avait transporté le spectateur sur la scène afin d'assurer la compétence du spectateur, nous n'avions émis qu'une assertion provisoire, et que nous devons nous efforcer d'atteindre à une compréhension plus profonde de ses tendances. Les témoignages abondent, au contraire, qui attestent qu'Eschyle et Sophocle, pendant toute leur vie et même longtemps après, furent toujours en complète possession de la faveur du public, et qu'ainsi, chez ces devanciers d'Euripide, il ne peut être question d'une disproportion entre l'œuvre d'art et l'esprit du spectateur. Par quelle force irrésistible un artiste aussi riche-ment doué, aussi fécond, fut-il détourné de la route éclairée par le soleil des plus grands noms de poètes sous le ciel sans nuages de la faveur du peuple ? Quel singulier souci du spectateur l'entraîna à braver le spectateur ? Comment en arriva-t-il, par trop de déférence pour son public — à méconnaître son public ?

Euripide — c'est la solution de cette énigme — se sentait certes, en tant que poète, supérieur à la foule, mais non pas à deux de ses spectateurs : la foule, il la plaçait sur la scène ; ces deux spectateurs, il les respectait comme les maîtres de son art seuls capables de comprendre et de juger son œuvre. Selon leurs arrêts et d'après leurs injonctions, il transporta dans les âmes de ses héros scéniques tout le monde de sentiments, de passions, de pensées qui, jusqu'alors, comme un chœur invisible, remplissait les bancs des spectateurs. Il obéissait à leurs exigences, en cherchant pour ces caractères nouveaux un nouveau langage et une expression nouvelle. D'eux seuls, il écoutait la valable sentence portée sur son ouvrage, ou la réconfortante promesse de victoires futures lorsqu'il se voyait encore une fois condamné par le tribunal du public.

De ces deux spectateurs, l'un est — Euripide lui-même, Euripide *en tant que penseur*, et non pas en tant que poète. On pourrait dire de lui que, à peu près comme chez Lessing, l'extraordinaire puissance de son sens critique a, sinon produit, au moins fécondé sans cesse une activité créatrice artistique parallèle. Doué de cette faculté, avec toute la clairvoyance et la dextérité de son intelligence critique, Euripide s'était assis au théâtre et s'était efforcé de retrouver et de reconnaître trait pour trait, ligne pour ligne, dans les chefs-d'œuvre de ses grands devanciers, comme dans des tableaux noircis par le temps. Et ce qu'il rencontra alors ne saurait être inattendu pour celui qui est profondément initié aux arcanes de la tragédie eschyléenne : il aperçut quelque chose d'incommensurable dans chaque trait et dans chaque ligne, une certaine décision trompeuse, et en même temps une profondeur énigmatique, un infini de mystère. Comme une comète à flamboyante chevelure, la figure la plus claire laissait toujours encore après elle une traînée de lumière décroissante qui semblait montrer l'incertain, les ténèbres insondables. Un crépuscule semblable était répandu sur la structure du drame, surtout sur la signification du chœur. Et combien lui parut douteuse la solution du problème éthique ! discutable le mode d'emploi des mythes ! disparate la répartition du bonheur et du malheur ! Même dans le langage de l'ancienne tragédie, il y avait pour lui beaucoup de choses choquantes, tout au moins inexplicables. Il trouva, en particulier, que trop de pompe était déployée pour des événements ordinaires, que trop de symboles et d'emphase juraient avec la naturelle simplicité des caractères. C'est ainsi qu'assis au théâtre il réfléchissait longuement, impatient et troublé, et il dut s'avouer, lui, le spectateur, qu'il ne comprenait pas ses grands devanciers. Cependant, comprendre étant pour lui la source de toute jouissance et de toute activité productrice, il sentit le besoin d'interroger les autres, de chercher autour de soi si personne ne pensait comme lui et ne s'avouait aussi celle incommensurabilité. Mais la plupart, et aussi les meilleurs de ceux auxquels il s'adressait n'eurent pour lui qu'un sourire méfiant ; aucun ne put lui donner les rai-sons qui eussent justifié ses doutes et ses objections contre les grands maîtres. Et dans cette angoisse, il rencontra *l'autre spectateur*, qui ne comprenait pas la tragédie et, pour ce motif, la méprisait. Délivré de son isolement en s'alliant à celui-ci, il put oser entreprendre une guerre monstrueuse contre les œuvres d'art d'Eschyle et de Sophocle — et cela, non pas par des ouvrages de polémique, mais par ses œuvres de poète dramatique opposant *sa* conception de la tragédie à celle de la tradition.

12.

Avant de nommer cet autre spectateur, arrêtons-nous un instant pour nous rappeler l'impression que nous avons éprouvée tout à l'heure en présence de la nature hybride et incommensurable de la tragédie eschyléenne ; combien nous nous sentîmes déroutés en face du *chœur* et du *héros tragique* de cette tragédie, qui nous semblaient inconciliables aussi bien avec nos idées courantes que d'ailleurs avec la tradition, — jusqu'à ce que nous eussions reconnu, dans cette dualité même, l'origine et l'essence de la tragédie grecque, l'expression collective de ces deux impulsions artistiques, l'esprit *apollinien* et l'instinct *dionysiaque.*

Rejeter cet élément dionysien originel et tout-puissant hors de la tragédie, et réédifier celle-ci sur la base exclusive d'un art, d'une morale et d'une idée du monde non-dionysiens, — c'est ce qui nous apparaît maintenant, avec une évidence lumineuse, comme étant la tendance d'Euripide.

Euripide lui-même, au soir de sa vie, a soumis à ses contemporains, de la manière la plus expresse et sous la forme d'un mythe, la question de la valeur et de la portée de cette tendance. Avant tout, le dionysiaque doit-il subsister ? Ne faut-il pas employer la violence pour le chasser du domaine hellénique ? Certes, répond le poète, si cela était possible ; mais le dieu Dionysos est trop puissant. L'adversaire le plus habile — tel Penthée dans les *Bacchantes* — est frappé à l'improviste par ses sortilèges et court à sa destinée fatale. Le poète vieilli semble partager l'opinion des deux vieillards Cadmus et Tirésias et penser avec eux que la désapprobation des plus sages ne saurait détruire ces antiques traditions populaires, ce culte éternellement vivace de Dionysos, et qu'il y aurait lieu même, en présence de forces aussi extraordinaires, de faire montre tout au moins d'une sympathie prudente et diplomatique ; auquel cas, il serait encore très possible que le dieu, froissé d'un intérêt aussi tiède, ne métamorphosât finalement le diplomate — tel Cadmus — en dragon. Le poète qui nous parle ainsi est le même qui, pendant le cours d'une longue vie, résista héroïquement à Dionysos — pour en arriver à terminer sa carrière par la glorification de son ennemi, par une sorte de suicide, comme un homme affolé qui se précipite du haut d'une tour pour échapper à l'épouvantable vertige qu'il ne peut plus supporter. Cette tragédie est une protestation contre sa propre tendance ; hélas, déjà elle s'était imposée ! Le prodige était accompli ; lorsque le poète se rétracta, sa tendance avait vaincu. Déjà Dionysos était chassé de la scène tragique, et chassé par une puissance démoniaque dont Euripide n'était que la voix. En un certain sens, Euripide ne fut, lui aussi, qu'un masque : la divinité qui parlait par sa bouche n'était pas Dionysos, non plus Apollon, mais un démon qui venait d'apparaître, appelé *Socrate.* Tel est le nouvel antagonisme : l'instinct dionysiaque et l'esprit socratique ; et par lui périt l'œuvre d'art de la tragédie grecque. En reniant son passé, Euripide peut essayer maintenant de nous consoler ; il n'y réussit pas. L'incomparable temple est en ruines. Que nous importent à présent les lamentations du destructeur, et son aveu que ce fut le plus beau des temples ? Et que le tribunal artistique de la postérité ait condamné Euripide, que, pour son châtiment, il ait été métamorphosé par elle en dragon, — qui pourrait se déclarer satisfait de cette misérable compensation ?

Examinons à présent cette tendance *socratique* par laquelle Euripide combattit et vainquit la tragédie eschyléenne.

Nous devons nous demander tout d'abord à quoi pouvait aboutir, dans son développement le plus hautement idéal, le dessein d'Euripide d'édifier le drame sur une base exclusivement non-dionysienne. Quelle forme du drame était encore possible, si celui-ci ne devait pas être engendré du giron de la musique, dans le mystérieux crépuscule de l'ivresse dionysiaque ? Uniquement celle de *l'épopée dramatisée,* et, dans ce domaine apollinien de l'art, il n'est certes pas possible d'atteindre à l'effet *tragique.* Le caractère des événements représentés importe peu dans l'espèce, et j'irais même jusqu'à prétendre que, dans sa *Nausikaa* inachevée, il eût été impossible à Gœthe de rendre d'une façon tragique et poignante, le suicide de cette nature idyllique — suicide qui devait être la matière du cinquième acte. Si prodigieuse est la puissance de l'art épique apollinien, qu'il transfigure à nos yeux les plus horribles choses, par cette joie que nous ressentons à l'apparence, à la vision, par cette félicité libératrice qui naît pour nous de la forme extérieure, de l'apparence. Il est aussi peu possible au poète de l'épopée dramatisée qu'au rapsode épique de s'identifier d'une manière absolue avec ses images. Ce poète demeure toujours un contemplateur immobile, au regard calme et pénétrant qui voit les images *devant* lui. Dans l'épopée dramatisée, l'acteur reste toujours, jusqu'au plus profond de son être, un rapsode ; il est l'Oint du rêve intérieur, un caractère sacré plane sur toutes ses actions, de sorte qu'il n'est jamais tout à fait acteur.

Qu'est l'œuvre d'Euripide au regard de cet idéal du drame apollinien ? C'est, en face du solennel rapsode de l'époque antique, ce chanteur nouveau et plus jeune qui, dans le *Ion* de Platon, nous décrit en ces termes sa propre nature : « Lorsque je dis quelque chose de triste, mes yeux se remplis-sent de larmes ; mais si ce que je dis est horrible et épouvantable, mes cheveux se dressent sur ma tête et mon cœur bat. » Ici, nous ne découvrons plus rien de ce sentiment épique d'absorption dans l'apparence extérieure, plus rien du sang-froid et de l'insensibilité intime du véritable acteur qui, juste au moment que son jeu nous émeut le plus vivement, est entièrement apparence et joie à l'apparence. Euripide est l'acteur au cœur qui bat, aux cheveux dressés sur la tête ; il esquisse le plan de son œuvre en penseur socratique et il l'exécute en acteur passionné. Il n'est un pur artiste ni dans l'ébauche, ni dans l'exécution. Aussi son drame est-il une chose à la fois froide et ardente, également apte à glacer et à enflammer ; il lui est im-possible d'atteindre à l'émotion apollinienne de l'épopée, et il s'est débarrassé le plus possible des éléments dionysiens ; et il lui faut chercher alors, pour agir sur nous, de nouveaux moyens d'émotion qui ne peuvent plus se réclamer désormais des deux seules et uniques impulsions artistiques, l'esprit apollinien et l'instinct dionysiaque. Ces moyens d'émotion sont de froides et paradoxales *pensées,* — à la place des contemplations apolliniennes, et des *sentiments* passionnés, — à la place des enthousiasmes dionysiens, — et ces pensées et ces sentiments sont copiés, imités de la façon la plus réa-liste, et n'ont rien de commun avec les créations idéales de l'art.

Après avoir reconnu qu'Euripide ne put réussir à donner au drame une base exclusivement apollinienne, et que sa tendance anti-dionysienne s'est bien plutôt fourvoyée dans un naturalisme anti-artistique, nous pouvons examiner de plus près la nature du *socratisme esthétique.* Son dogme suprême est à peu près ceci : « Tout doit être con-forme à la raison pour être beau », argument parallèle à l'axiome socratique : « Celui-là seul est vertueux, qui possède la connaissance. » Armé de cet étalon, Euripide mesura tous les éléments de la tragédie, la langue, les caractères, la construction dramaturgique, la musique du chœur, et il les corrigea d'après ce principe. Ce que nous avons si fréquemment considéré chez Euripide, en comparant son œuvre avec la tragédie de Sophocle, comme un signe de pauvreté et d'infériorité poétiques, est le plus souvent le résultat de l'intrusion de cet esprit critique et aveuglément rationnel. Le *prologue* d'Euripide nous servira d'exemple pour montrer les conséquences de cette méthode rationaliste. Il n'y a rien de plus opposé à notre conception de la technique dramaturgique que le prologue dans le drame d'Euripide. Qu'un seul personnage, au commencement de la pièce, s'avance et raconte qui il est, ce qui précède immédiatement l'action, ce qui s'est passé antérieure-ment et même ce qui doit arriver au cours du drame, c'est là un procédé qui paraîtrait impardonnable à un poète de théâtre moderne, et qui équivaudrait pour lui à renoncer de propos délibéré à toute surprise, à tout effet. Si l'on sait d'avance tout ce qui doit arriver, qui voudra attendre que cela arrive vraiment ? — puisqu'il ne s'agit d'ailleurs ici en aucune façon d'un rêve prophétique qui laisserait entiers l'intérêt et l'émotion de sa réalisation future. Euripide pensait tout autre-ment. Dans son esprit, l'effet produit par la tragédie n'avait jamais pour cause l'anxiété épique, l'attrait de l'incertitude au sujet des péripéties éventuelles, mais bien ces grandes scènes, pleines d'un lyrisme rhétorique, où la passion et la dialectique du héros principal s'étalaient et se gonflaient comme la crue puissante d'un large fleuve. Tout devait préparer non pas à l'action, mais au pathétique, et ce qui ne préparait pas au pathétique était à rejeter. Le plus grand obstacle à un abandon entier, au plaisir sans mélange à de telles scènes, c'est l'absence d'un élément nécessaire au préalable à l'auditeur, une lacune dans la trame des évènements préliminaires. Aussi longtemps que le spectateur est obligé de supputer avec attention l'importance ou la qualité de tel ou tel personnage, les causes de tel ou tel conflit des sentiments ou des volontés, il ne peut pas être absorbé complètement par les actions et les malheurs des héros principaux, et il lui est impossible encore de compatir, haletant, à leurs souffrances et à leurs terreurs. La tragédie d'Eschyle et de Sophocle employait les moyens artistiques les plus ingénieux pour donner à l'auditeur, dès les premières scènes et comme par hasard, toutes les indications nécessaires à l'intelligence de l'intrigue : procédé par lequel s'affirme cette noble maîtrise artistique qui, tout à la fois, masque ce qui est matériellement *indispensable* et le révèle sous la forme d'incidents inopinés. Cependant Euripide croyait avoir remarqué que, pendant ces premières scènes, le spectateur semblait en proie à une inquiétude particulière, préoccupé qu'il était de résoudre le problème des événements antérieurs, de sorte que les beautés poétiques et le pathétique de l'exposition étaient perdus pour lui. C'est pourquoi, avant l'exposition, il plaça le prologue et le fit réciter par un personnage en qui on pouvait avoir confiance : un dieu devait souvent se porter, pour ainsi dire, garant devant le public des événements de la tragédie et lever tous les doutes sur la réalité du mythe ; procédé analogue à celui à l'aide duquel Descartes arrivait à prouver la réalité du monde empirique, en en appelant uniquement à la véracité de Dieu incapable de mentir. Cette véracité divine, Euripide l'emploie encore une fois à la fin de son drame, pour informer le public, en toute certitude, des destinées futures de ses héros ; ceci est le rôle du fameux *deus ex machina*. Entre la vision épique du passé et celle de l'avenir se trouve le présent dramatico-lyrique, le véritable « drame ».

En tant que poète, Euripide est ainsi avant tout l'écho de ses constatations conscientes, et c'est là ce qui lui confère une place mémorable dans l'histoire de l'art grec. Le caractère critique de son activité productrice devait lui sembler souvent une application au drame de ce début du livre d'Anaxagore : « Au commencement était le chaos ; alors la raison vint et créa l'ordre. » Et si Anaxagore, avec son « νοuς », peut être considéré, parmi les philosophes, comme le premier qui ait conservé sa raison au milieu de l'ivresse générale, il est bien possible qu'Euripide se soit expliqué, par une comparaison analogue, sa situation vis-à-vis des autres poètes tragiques. Tant que l'unique maître et régulateur de l'univers, le « νοuς », fut tenu à l'écart de l'activité artistique, tout était resté dans un état de désordre chaotique et primordial. Tel devait être le jugement d'Euripide ; et en tant que le premier, parmi les tragiques, qui fût resté « conscient » de ses actes, il lui fallait condamner les poètes « ivres ». Ce que Sophocle a dit d'Eschyle, que « ce que celui-ci faisait était bien fait, bien qu'il le fît inconsciemment, » n'eût certes jamais été approuvé par Euripide qui eût conclu simplement que l'activité d'Eschyle, *parce que* non consciente, ne pouvait être que mauvaise. Le divin Platon lui-même ne parle ordinairement qu'avec ironie de la puissance créatrice du poète, en tant que celle-ci n'est pas l'effet d'une intelligence consciente, et il la compare au talent du devin qui interprète les songes, le poète étant incapable de créer avant d'être devenu inconscient et d'avoir abdiqué toute raison. Euripide entreprit, comme le voulut aussi Platon, de montrer au monde le contraire du poète « dénué de raison » ; son principe esthétique : « Tout doit être conscient pour être beau », est, comme je l'ai dit, le parallèle de l'axiome socratique : « Tout doit être conscient pour être bien ». Nous avons donc le droit de considérer Euripide comme le poète du socratisme esthétique. Et Socrate fut ce *second spectateur,* qui ne comprenait pas la tragédie et, à cause de cela, la méprisait ; allié à lui, Euripide osa être le héraut d'un art nouveau. Si cet art devint la perte de la tragédie, c'est le socratisme esthétique qui fut le principe meurtrier. Mais, pour autant que la lutte était dirigée contre l'esprit dionysien de l'art antérieur, nous reconnaissons en Socrate l'adversaire de Dionysos, le nouvel Orphée qui se lève contre Dionysos et, quoique certain d'être déchiré par les Ménades du tribunal athénien, force cependant le dieu tout-puissant à prendre la fuite ; et celui-ci, comme au temps qu'il fuyait devant le roi d'Edonide Lycurgue, se réfugia dans les profondeurs de la mer, c'est-à-dire sous les flots mystiques d'un culte secret qui devait peu à peu envahir le monde entier.

13.

L'étroite affinité de tendance, qui existe entre Socrate et Euripide, n'échappa pas à leurs contemporains, et le témoignage le plus éloquent de leur clairvoyance est cette légende, répandue dans Athènes, qui rapporte que Socrate avait coutume de collaborer de ses conseils aux œuvres d'Euripide. Dans les doléances des partisans du « bon vieux temps », ces deux noms étaient accolés, lorsqu'il s'agissait de désigner les corrupteurs du peuple, artisans de la déchéance progressive des forces physiques et morales, de la ruine de l'antique et rude vigueur de corps et d'âme des héros de Marathon, sacrifiée de plus en plus à une douteuse intellectualité. C'est sur ce ton mâtiné d'indignation et de mépris que la comédie d'Aristophane traite habituellement ces deux hommes, au grand scandale des jeunes, qui lui eussent, il est vrai, abandonné volontiers Euripide, mais ne pouvaient se faire à l'idée que Socrate fût représenté par Aristophane comme le *sophiste* par excellence, le miroir et la somme de toutes les spéculations sophistiques. Il ne leur restait d'autre ressource que de mettre au pilori Aristophane lui-même, comme un Alcibiade de la poésie menteur et libertin. Sans m'attarder à défendre ici les intuitions profondes d'Aristophane, je continuerai à démontrer, par les témoignages du sentiment général de l'Antiquité, la stricte homogénéité d'esprit et d'influence de Socrate et d'Euripide. Il est à remarquer notamment que Socrate, en sa qualité de contempteur de l'art tragique, s'abstenait d'assister aux représentations de la tragédie et ne se mêlait aux spectateurs que lorsqu'il s'agissait d'une nouvelle œuvre d'Euripide. Mais l'exemple le plus célèbre de l'association de ces deux noms nous est fourni par l'oracle de Delphes, qui proclama Socrate le plus sage des hommes, et ajouta en même temps qu'Euripide devait être classé immédiatement après lui.

En troisième ligne était nommé Sophocle, lui qui, comparé à Eschyle, pouvait se vanter de faire bien, parce qu'il *savait* ce que c'était que bien faire. Il est manifeste que c'est précisément le haut de-gré de lucidité de ce discernement, de cette *sagesse consciente,* qui distingue ces trois hommes comme les trois génies « conscients » de leur temps.

Cependant, ce fut Socrate qui prononça la parole la plus incisive à l'égard de la nouvelle et extraordinaire valeur accordée à la connaissance et au jugement. Il était le seul, en effet, qui s'avouât à lui-même *ne rien savoir,* tandis que, se promenant à travers Athènes, en observateur critique, visitant les hommes d'État, les orateurs, les poètes et les artistes célèbres, il rencontrait chez tous la prétention à la sagesse. Il reconnut avec stupéfaction que, même au point de vue de leur activité spéciale, toutes ces célébrités ne possédaient aucune connaissance exacte et certaine, et n'agissaient qu'instinctivement. « N'agissaient qu'instinctivement : » cette parole nous fait toucher du doigt le cœur et la moelle de la tendance socratique. Par ces mots, le socratisme condamne aussi bien l'art existant alors que l'éthique de son temps : de quelque côté qu'il dirige son regard scrutateur, il constate le manque de jugement et la puissance de l'illusion, et il en conclut à l'absurdité, à la condamnation de ce qui l'entoure. Partant de ce point de vue, Socrate crut devoir réformer l'existence : comme précurseur d'une culture, d'un art et d'une morale tout autres, il s'avança seul, la mine hautaine et dédaigneuse, au milieu d'un monde dont les derniers vestiges sont pour nous l'objet d'une profonde vénération et la source des plus pures jouissances.

Aussi, en présence de Socrate, un trouble pro-fond nous envahit et, sans cesse et toujours de nouveau, nous pousse à pénétrer le sens et la portée de cette énigmatique figure de l'antiquité. Quel est-il, celui qui, à lui seul, ose désavouer l'essence même de l'Hellénisme ; qui, à lui seul, ose se substituer à Homère, à Pindare, à Eschyle, remplacer Phidias et Périclès, supplanter la Pythie et Dionysos, et qui, comme l'abîme le plus insondable et la cime la plus haute, est certain par avance de notre admiration et de notre culte ? Quelle force surnaturelle a le droit d'oser répandre dans la poussière ce breuvage enchanté ? Quel est ce demi-dieu, auquel le chœur invisible des plus nobles d'entre les humains doit crier : « Malheur ! Malheur ! Ce monde de beauté, tu l'as renversé d'un bras puissant ; il tombe, il s'écroule ! » (Gœthe, *Faust*, I.)

Un phénomène étrange, qui nous est parvenu sous le nom de « démon de Socrate », nous permet de voir plus au fond de la nature de cet homme. Dans certaines circonstances, lorsque l'extraordinaire lucidité de son intelligence paraissait l'abandonner, une voix divine se faisait entendre, et lui prêtait une assurance nouvelle. Lorsqu'elle parle, toujours cette voix *dissuade.* Dans cette nature tout anormale, la sagesse instinctive n'intervient que pour *entraver,* combattre l'entendement conscient. Tandis que chez tous les hommes, en ce qui concerne la genèse de la productivité, l'instinct est précisément la force positive, créatrice, et la raison consciente une fonction critique, décourageante, chez Socrate, l'instinct se révèle critique, et la raison est créatrice, — véritable monstruosité *per defectum* ! Et, en effet, nous constatons ici un monstrueux *défaut* de toute disposition naturelle au mysticisme, de sorte que Socrate pourrait être considéré comme le *non-mystique* spécifique, chez lequel, par une particulière superfétation, l'esprit logique eût été développé d'une façon aussi démesurée que l'est, chez le mystique, la sagesse instinctive. Mais, d'autre part, le pouvoir de faire un retour sur soi-même était absolument refusé à cet instinct impulsif de logique, qui apparaît chez Socrate ; ce torrent sans frein est comme une force de la nature ; il se précipite avec une violence que nous rencontrons seulement, pour notre stupéfaction et notre épouvante, dans les plus irrésistibles im-pulsions de l'instinct. Quiconque, à la lecture des écrits de Platon, a senti passer sur soi le souffle de cette naïveté et de cette sécurité divines de la doctrine socratique de la vie, reconnaît aussi que la formidable roue motrice du socratisme logique tourne, en quelque sorte, *derrière* Socrate, et que tout ceci doit être considéré au travers de Socrate, comme au travers d'un fantôme. Mais Socrate lui-même avait le pressentiment de cet état de choses, et cela ressort pleinement de la noble gravité avec laquelle il se prévalait partout, et jusque devant ses juges, de sa prédestination divine. Il était tout aussi impossible de le démentir sur ce point que d'approuver son influence dissolvante et destructive des instincts. En présence de cet insoluble dilemme, il ne restait, lorsqu'il fut traduit devant l'Aréopage, qu'une seule peine à lui appliquer, l'exil ; on aurait pu le rejeter au delà des frontières, comme quelque chose d'absolument énigmatique, d'inclassable, d'inexplicable, sans que la postérité se fût trouvée en droit d'accuser les Athéniens d'un acte odieux. Mais que la peine de mort, et non pas seulement l'exil, ait été prononcée contre lui, Socrate lui-même semble l'avoir recherché, avec la pleine con-science de ce qu'il faisait, et sans éprouver devant l'inconnu l'horreur instinctive de la nature : il marcha à la mort avec la même tranquillité qu'il avait, au dire de Platon, lorsque, comme le dernier des débauchés, il quittait le [banquet][16], aux premières lueurs de l'aurore, pour commencer un nouveau jour ; cependant que, derrière lui, sur les bancs et sur le sol, les compagnons de table endormis rêvent de Socrate, le véritable [serviteur d'Éros][17]. *Socrate mourant* devint l'idéal nouveau, insoupçonné jusque-là, de la noble jeunesse grecque : avant tous, Platon, le type de l'adolescent hellénique, s'est prosterné devant cette image avec toute la passion de son âme rêveuse.

14.

Figurons-nous à présent, semblable à l'œil unique et monstrueux d'un cyclope, l'œil de Socrate fixé sur la tragédie, cet œil que n'a jamais enflammé la noble ivresse de l'enthousiasme artistique, — rappelons-nous combien il était

---

[16] Les t. donnaient: «Symposion». (N.d.É.)

[17] Les t. donnaient «le véritable érotique». (N.d.É.)

refusé à la nature de cet homme de se plaire au spectacle des abîmes dionysiens, — que devait-il apercevoir fatalement dans cet art tragique « sublime et glorieux », selon le mot de Platon ? Il y voyait quelque chose de parfaitement déraisonnable, des causes semblant rester sans effets, et des effets dont on ne pouvait dis-cerner les causes, et avec cela un ensemble si confus et disparate qu'un esprit réfléchi en devait être choqué, et les âmes ardentes et sensibles dangereuse-ment troublées.

Nous savons qu'il n'admettait qu'un seul genre de poésie, la *fable* d'Ésope, et cela certainement avec la bonhomie un peu narquoise de l'honnête Gellert, chantant les louanges de la poésie dans la fable de l'Abeille et de la Poule :

> Par moi, tu vois quel est son but :
> Dire la vérité, par une allégorie,
> À qui n'a pas beaucoup d'esprit.

Or, il paraissait évident à Socrate que jamais l'art tragique ne « disait la vérité », sans compter aussi qu'il s'adressait « à qui n'a pas beaucoup d'esprit », c'est-à-dire ne parlait pas aux philosophes : double raison pour s'en tenir éloigné. De même que Platon, il le classait parmi les arts complaisants, qui ne peignent que l'agréable et non l'utile ; et il exigeait que ses disciples s'abstinssent rigoureusement de prendre part à des divertissements aussi étrangers à la philosophie ; il y réussit si bien que le jeune poète tragique Platon, pour devenir élève de Socrate, commença par brûler ses poèmes. Enfin, lorsque la doctrine socratique se trouva en lutte avec des penchants invincibles, sa force, et en même temps l'influence de cette nature monstrueuse, fut encore assez grande pour dicter à la poésie elle-même des conditions nouvelles et jusqu'alors in-connues.

Le même Platon nous en fournit un exemple. Dans la condamnation de la tragédie et de l'art en général, il n'est certes pas resté en arrière du cynisme naïf de son maître, et pourtant, poussé par une impérative et tout artistique nécessité, il lui fallut créer une forme d'art qui a précisément une analogie intime avec les formes qu'il réprouvait. Il ne fallait pas que l'on pût reprocher à l'œuvre d'art nouvelle le vice fondamental dont Platon faisait grief à l'art précédent, — qu'il était le pastiche d'un simulacre, la copie d'une apparence et, par conséquent, d'un ordre inférieur encore à celui du monde empirique — : aussi voyons-nous Platon s'efforcer d'atteindre au delà de la réalité, et de représenter l'Idée, qui fait le fonds de cette pseudo-réalité. Mais le penseur Platon était arrivé ainsi, par un détour, justement dans un domaine où, en tant que poète, il avait toujours été chez lui, et, dès ce moment, Sophocle et tout l'art ancien purent protester solennellement contre ses critiques. Si la tragédie avait absorbé en soi toutes les formes d'art antérieures, la même chose peut se dire, dans un sens excentrique, du dialogue platonicien. Fait d'un mélange de tous les styles et de tous les genres, il flotte entre la narration, le lyrisme, le drame, entre la prose et la poésie, et viole, en outre, la règle antique et rigoureuse de l'unité de forme du langage. Les écrivains *cyniques* l'ont dépassé dans cette voie par l'incohérence du style, par la succession désordonnée des formes prosaïque et métrique, ils ont réussi à nous donner l'image littéraire du « Socrate furieux » qu'ils se plaisaient à représenter dans la vie. Le dialogue platonicien fut en quelque sorte le radeau qui servit de refuge à la poésie antique avec tous ses enfants, après le naufrage de son navire : resserrés dans un étroit espace, craintivement soumis au seul pilote Socrate, ils voguent alors à travers un monde nouveau qui jamais ne put se lasser du spectacle fantastique de ce cortège. Platon a réellement donné à la postérité le prototype d'une œuvre d'art nouvelle, du *roman,* qui peut être considéré comme la fable d'Ésope infiniment perfectionnée, et dans lequel la poésie est subordonnée à la philosophie dialectique de la même manière que, plus tard et pendant de longs siècles, cette philosophie fut subordonnée à la théologie : c'est-à-dire comme *ancilla*[18]. Telle fut la condition nouvelle à laquelle Platon réduisit la poésie, sous l'influence démoniaque de Socrate.

Ici la *pensée philosophique* recouvre l'art de ses végétations, et le contraint à s'enlacer étroitement au tronc de la dialectique. La tendance *apollinienne* s'est changée en schématisation logique : nous avons déjà remarqué chez Euripide quelque chose d'analogue, et, en outre, une transposition de l'*émotion dionysiaque* en sentiments [naturalistes][19]. Socrate, héros dialectique du drame platonicien, nous rappelle le héros d'Euripide, qui est forcé comme lui de justifier ses actes par des raisons et des arguments, et court si souvent ainsi le risque de perdre pour nous tout intérêt tragique. Qui pourrait méconnaître en effet la nature *optimiste* de la dialectique, qui triomphe à chaque conclusion et ne peut vivre que de froide clarté et de certitude, cet élément optimiste qui, dès qu'il a pénétré dans la tragédie, envahit ses régions dionysiennes et la conduit fatalement à sa propre perte — jusqu'au saut fatal (et mortel) dans le drame bourgeois ? Que l'on songe aux conséquences des préceptes socratiques : « La vertu est la sagesse ; on ne pèche que par ignorance ; l'homme vertueux est l'homme heureux. » Ces trois principes de l'optimisme sont la mort de la tragédie. Car, à présent, le héros vertueux doit être dialecticien ; à présent, entre la vertu et la sagesse, entre la foi et la morale, il faut qu'il y ait une liaison visible et nécessaire ; désormais, la conception transcendantale eschyléenne de l'équité est ravalée au principe superficiel et impudent de la « justice poétique », avec son habituel *deus ex machina.*

Dans cet art théâtral nouveau, socratique et optimiste, quelle est alors la situation du *Chœur* et en général de toute la substance dionyso-musicale de la tragédie ? Tout cela apparaît comme quelque chose de fortuit, comme une réminiscence inutile, voire superflue, des origines de la tragédie ; tandis que nous avons reconnu que le chœur ne peut être compris que comme *cause*

---

[18] Servante, bonne. (N.d.É.)

[19] Les t. donnaient «naturistes». (N.d.É.)

première, principe générateur, de la tragédie et du tragique en général. Déjà, chez Sophocle, on constate cet embarras à l'égard du chœur, — indice important qui nous montre que, chez lui, la matière dionysienne de la tragédie commence à se désagréger. Il n'ose plus confier au chœur le rôle émotif principal, et restreint son action à un tel point, que ce chœur semble à présent assimilé aux acteurs, comme s'il eût été transporté de l'orchestre sur la scène ; et, en dépit de l'approbation d'Aristote, son caractère est définitivement altéré. Cette perturbation dans le rôle du chœur, mise en pratique par Sophocle, et même, d'après la tradition, recommandée par lui dans un de ses écrits, est la première étape de cet *annihilation* du chœur, dont les phases se succèdent avec une effrayante rapidité dans Euripide, Agathon et la comédie nouvelle. Armée du fouet de ses syllogismes, la dialectique optimiste chasse la *musique* de la tragédie : c'est-à-dire détruit l'essence même de la tragédie, essence qui ne peut être interprétée que comme une manifestation et une objectivation d'états dionysiens, comme une symbolisation visible de la musique, comme le monde de rêve d'une ivresse dionysiaque.

Mais si, même avant Socrate, il nous faut reconnaître déjà les effets d'une tendance antidionysienne qui atteint seulement en lui une extraordinaire et grandiose expression, nous ne devons pas renoncer à approfondir la portée d'un phénomène tel que l'apparition de Socrate, que les dialogues platoniciens ne nous permettent pas de considérer uniquement comme une force négative et dissolvante. Et, si certain qu'il soit que la première conséquence du mouvement socratique fut une adultération[20] de la tragédie dionysienne, un épisode significatif de la vie de Socrate lui-même nous oblige à nous demander s'il y a *nécessairement* entre le socratisme et l'art une irréductible antinomie, et si l'idée d'un « Socrate artiste » est quelque chose d'absolument contradictoire en soi.

Cet implacable logicien eut en effet, de temps en temps, à l'endroit de l'art, le sentiment d'une omission, d'une lacune, d'un regret, d'un devoir peut-être inaccompli. Il racontait à ses amis, dans sa prison, que souvent une ombre lui était apparue en rêve, toujours la même, et qui lui répétait toujours les mêmes paroles : « Socrate, exerce-toi à la musique ! ». Jusqu'à ses derniers jours, il s'était tranquillisé avec la pensée que la philosophie est le plus haut des arts des muses, et il ne pouvait s'imaginer qu'une divinité fût venue lui rap-peler la « musique commune, populaire ». Enfin, dans sa prison, pour soulager tout à fait sa conscience, il se décide à s'occuper de cette musique qu'il estimait si peu. Et, dans cet état d'esprit, il compose un hymne à Apollon et met en vers quelques fables d'Ésope. Ce qui le poussa à ces exercices, ce fut quelque chose d'analogue à la voix de son démon familier, ce fut son intuition apollinienne qu'il se trouvait comme un roi barbare ignorant devant une image noble et divine, et qu'il courait le risque d'offenser une divinité — par son ignorance.

---

[20] Altération, falsification. (N.d.É.)

Ces rêves de Socrate et cette apparition sont le seul indice d'un doute, d'une préoccupation au sujet des limites de la nature logique : peut-être — devait-il se dire à lui-même — ce qui n'est pas compréhensible pour moi n'est-il pas nécessaire-ment l'incompréhensible ? Peut-être y a-t-il un domaine de la sagesse, d'où le logicien est banni ? Peut-être l'art est-il même un corrélatif, un supplément obligatoire de la science ?

15.

Dans l'ordre d'idées évoqué par ces interrogations suggestives, il faut exposer maintenant com-ment, jusqu'aujourd'hui et pour toute postérité à venir, l'influence de Socrate s'est étendue sur le monde, comme une ombre qui s'allonge sans cesse sous les rayons du soleil couchant ; comment cette influence impose la nécessité d'une perpétuelle ré-novation de *l'art* — et de l'art dans un sens désormais métaphysique, dans le sens le plus large et le plus profond ; — et comment la durée infinie de cette influence nous garantit la durée infinie de l'art.

Avant qu'il fût possible de reconnaître cette vérité, avant qu'il fût péremptoirement établi que tout art est aux Grecs, et aux Grecs depuis Homère jusqu'à Socrate, dans le rapport de la plus intime dépendance, les Grecs devaient nous faire un effet analogue à celui que Socrate produisait sur les Athéniens. À peu près de tout temps, les cultures successives ont essayé avec humeur de secouer le joug des Grecs, parce que toute création personnelle, en apparence absolument originale et très sincèrement admirée, semblait, à côté d'eux, perdre soudain la couleur et la vie et avorter en imitation maladroite, en caricature. Et à chaque instant éclate encore une fois la sourde colère amassée au fond du cœur contre ce petit peuple arrogant qui eut l'audace d'affubler, pour l'éternité, de l'épithète de « barbare » tout ce qui lui est étranger. Quels sont ces gens, se dit-on, qui, sans autre titre qu'un éclat historique éphémère, des institutions ridiculement bornées, une valeur morale douteuse, et dont le nom même est employé à l'égal d'une odieuse injure, revendiquent cependant entre les peuples une place à part et le rang qui, parmi la masse, appartient au génie ? Malheureusement on n'eut pas la chance de découvrir la ciguë qui aurait pu en finir tout uniment avec un pareil phénomène, car ni le poison, ni l'envie, ni la calomnie et la colère déchaînées ne purent réussir à entamer cette insolente sérénité. Aussi, devant les Grecs, on a honte et on a peur. Qu'au moins un homme estime ici la vérité par-dessus tout, et ose proclamer cette vérité, que, pareils au cocher qui conduit un char, les Grecs tiennent dans leurs mains les rênes de notre art, aussi bien d'ailleurs que de tout art, mais que, presque toujours, le char et les chevaux, de qualité trop basse, sont indignes de leurs glorieux conducteurs, qui se font alors un jeu de précipiter un tel attelage dans l'abîme qu'eux-mêmes franchissent aisément d'un bond, semblables à Achille aux pieds légers.

Pour montrer qu'un rôle directeur analogue fut également dévolu à Socrate, il suffit de reconnaître en celui-ci le modèle d'un type humain inconnu jusque-là, le type de *l'homme théorique,* dont nous étudierons dès maintenant la signification et les fins. De même que l'artiste, l'homme théorique trouve, lui aussi, dans ce qui l'entoure une satisfaction infinie, et ce sentiment le protège, comme l'artiste, contre la philosophie pratique du pessimisme et ses yeux de lynx qui ne luisent que dans les ténèbres. Si l'artiste, en effet, à toute manifestation nouvelle de la vérité, se détourne de cette clarté révélatrice, et contemple toujours avec ravissement ce qui, malgré cette clarté, demeure obscur encore, l'homme théorique se rassasie au spectacle de l'obscurité vaincue, et trouve sa joie la plus haute à l'avènement d'une vérité nouvelle, sans cesse victorieuse et s'imposant par sa propre force. Il n'y aurait pas de science, si elle n'avait d'autre but que la vérité et ne devait se préoccuper *uniquement* que de cette déesse toute nue et d'aucune autre chose : ses adeptes se feraient bientôt l'effet de gens qui auraient projeté de creuser dans la terre un trou vertical la traversant de part en part. Le premier s'aperçoit qu'en travaillant pendant sa vie entière avec la plus grande assiduité, il ne pourrait arriver à percer qu'une infime partie de l'énorme profondeur, et que le résultat de son travail serait comblé et anéanti sous ses yeux par le travail de son voisin, de sorte qu'un troisième paraîtrait agir très raisonnable-ment en choisissant à son gré une place nouvelle pour sa propre tentative. Si l'un d'eux réussit alors à démontrer péremptoirement l'impossibilité d'atteindre par ce moyen l'antipode, qui voudra persister encore au forage du puits primitif, s'il n'a pris le parti, entre temps, de s'accommoder d'y dé-couvrir des gemmes ou des lois de la nature ? C'est pour cela que Lessing, le plus sincère des hommes théoriques, a osé déclarer qu'il trouvait plus de satisfaction à la recherche de la vérité qu'à la vérité elle-même ; et ainsi fut dévoilé, à la surprise, à la grande colère des savants, le secret fondamental de la science. Cependant, à côté de cet aveu isolé, de cet excès de franchise, sinon d'outrecuidance, on constate aussi une *illusion* profondément significative, incarnée pour la première fois dans la personne de Socrate : cette inébranlable conviction que la pensée, par le fil d'Ariane de la causalité, puisse pénétrer jusqu'aux plus profonds abîmes de l'Être, et ait le pouvoir non seulement de connaître, mais aussi de *réformer* l'existence. Cette noble illusion métaphysique est l'instinct propre de la science, qui la conduit et la ramène sans relâche à ses limites naturelles, où il lui faut alors se transformer en art, — *but réel vers lequel tend cet instinct.*

Considérons maintenant Socrate sous cette clarté nouvelle : il nous apparaît alors comme le premier qui pût non seulement vivre, mais encore — ce qui est beaucoup plus — mourir au nom de cet instinct de la science ; et c'est à cause de cela que l'image de *Socrate mourant,* de l'homme délivré, par le savoir et la raison, de la crainte de la mort, est l'écu armorial suspendu au portail de la science, pour rappeler à chacun que la cause finale de la science est de rendre l'existence concevable, et par cela même de la justifier : ce à quoi, naturellement, au cas que la raison ne suffise point, doit servir en fin de compte aussi le *mythe,* que je viens de montrer comme la conséquence inéluctable, comme le but réel de la science.

Lorsque l'on observe le spectacle offert depuis Socrate, ce mystagogue de la science, par les divers systèmes philosophiques qui, semblables aux vagues de la mer, se poursuivent et se succèdent sans trêve ; en présence de cette universelle avidité de savoir qui s'est manifestée, avec une puissance que l'on n'eût jamais soupçonnée, dans toutes les sphères du monde civilisé, et qui, s'imposant à tous comme le véritable devoir de l'homme intelligent, a porté la science à la place suprême qu'elle occupe encore, et dont on n'a pu jamais complètement parvenir à la déposséder ; devant cet universel désir de connaître, enlaçant tout le globe terrestre d'un réseau de communes pensées et rêvant même de soumettre à ses lois un système solaire tout entier ; — et si l'on considère en même temps la colossale pyramide de la science moderne, on ne peut se défendre de voir en Socrate l'axe et le pivot de ce qui constitue l'histoire du monde. Qu'on imagine, en effet, la somme incalculable des forces absorbées par cette tendance universelle, consacrée, *non pas* au service de la connaissance, mais à la réalisation des désirs pratiques, c'est-à-dire égoïstes, des individus et des peuples ; il est probable qu'alors, au milieu des perpétuelles migrations des peuples et des luttes exterminatrices, l'amour instinctif de la vie serait tellement affaibli, et l'habitude du suicide devenue si générale, que l'individu croirait, comme l'habitant des îles Fidji, accomplir son devoir suprême de fils en tuant son père, et d'ami en égorgeant son ami : pessimisme pratique qui pourrait même susciter l'épouvantable morale de l'anéantissement de peuples par pitié, — et qui, d'ailleurs, existe et a existé dans le monde, partout où l'art n'est pas apparu sous une forme quelconque, particulièrement sous celle de la religion ou de la science, comme remède et protection contre ce souffle empoisonné.

En face de ce pessimisme pratique, Socrate est le premier modèle de l'optimiste théorique, qui attribue à la foi dans la possibilité d'approfondir la nature des choses, au savoir, à la connaissance, la vertu d'une panacée universelle, et tient l'erreur pour le mal en soi. Pénétrer les causes et distinguer de l'apparence et de l'erreur la véritable con-naissance, parut à l'homme socratique la vocation la plus noble, la seule digne de l'humanité ; et, depuis Socrate, ce mécanisme des concepts, jugements et déductions fut regardé comme la plus haute faveur, le présent le plus merveilleux de la nature, et estimé au-dessus de toutes les autres facultés. Les plus nobles actions morales elles-mêmes, les impulsions de la pitié, du sacrifice, de l'héroïsme et aussi cet état de l'âme auquel il est si difficile d'atteindre, comparable au calme silencieux de la mer immobile, et que le Grec apollinien nommait *sophrosynè,* tout cela, aux yeux de Socrate et de ses successeurs, jusqu'aux plus modernes de ses disciples, est du ressort de la dialectique de la connaissance et, comme tel, peut être enseigné. Pour celui qui a éprouvé personnelle-ment la jouissance que procure la connaissance socratique, et qui sent combien cette connaissance s'efforce d'enserrer de cercles toujours plus vastes le monde des phénomènes, il n'y aura plus désormais, pour l'exciter à vivre, d'aiguillon plus puissant que l'âpre désir de poursuivre cette conquête et de tresser en mailles indestructibles un infranchissable réseau. Le Socrate de Platon apparaît alors à cet homme comme l'apôtre d'une forme toute nouvelle de la « sérénité grecque » et de la joie à l'existence, qui cherche à se manifester par des actes et y réussit le plus souvent par une influence maïeutique et éducatrice exercée sur de jeunes et nobles esprits, dans le but de susciter en eux le génie.

Et la science, éperonnée par sa puissante illusion, s'élance alors irrésistiblement jusqu'à ses limites, où vient échouer et se briser son optimisme latent inhérent à la nature de la logique. Car la circonférence du cercle de la science est composée d'un nombre infini de points, et cependant qu'il est encore impossible de concevoir comment le cercle entier pourrait être jamais mesuré, l'homme supérieur et intelligent atteint fatalement, avant même d'avoir accompli la moitié de sa vie, certains points extrêmes de la circonférence, où il demeure interdit devant l'inexplicable. Lorsque, plein d'épouvante, il voit, à cette limite extrême, la logique s'enrouler sur soi-même comme un serpent et se mordre la queue, — alors surgit devant lui la forme nouvelle de la connaissance, la *connaissance tragique,* dont il lui est impossible de supporter seulement l'aspect, sans la protection et le secours de l'art.

Si nous tournons nos regards retrempés et ré-confortés par la vision grecque vers les sphères les plus élevées du monde qui nous entoure, nous voyons cet effort de l'insatiable connaissance optimiste, dont Socrate fut la première incarnation, se transformer brusquement en un besoin de résignation tragique et d'art ; tandis que, chez les esprits inférieurs, cette même tendance doit se manifester par un sentiment d'hostilité à l'art, et abhorrer, par-dessus tout, l'art tragique dionysien, comme nous en avons eu un exemple dans la lutte du socratisme contre la tragédie eschyléenne.

Et ici, l'esprit plein de trouble, nous frappons aux portes du présent et de l'avenir : cette « transformation » aboutira-t-elle à de toujours nouvelles métamorphoses du génie, et précisément dans le sens de *Socrate s'exerçant à la musique* ? Le réseau de l'art, que ce soit sous le nom de Religion ou de Science, enveloppera-t-il le monde de mailles toujours plus fortes et plus délicates, ou est-il destiné à être déchiré en lambeaux dans le tourbillon de barbarie fiévreuse et qui se qualifie à présent de « modernité » ? — Inquiets, mais non sans espoir, nous demeurons un instant à l'écart, esprits contemplatifs auxquels il est accordé d'être témoins de ces luttes et de ces évolutions inouïes. Hélas ! C'est le charme de ces luttes que celui qui les contemple soit contraint aussi d'y prendre part !

16.

Nous avons essayé de démontrer par cet exemple historique comment, aussi sûrement que la tragédie ne peut naître que du seul génie de la musique, elle décline et meurt infailliblement en même temps que celui-ci. Pour justifier cette assertion et faire connaître aussi les origines et la genèse de notre sentiment, il nous faut maintenant examiner sans détour les phénomènes contemporains analogues ; il faut nous mêler à ces combats qui se livrent, je viens de le dire, dans les milieux les plus élevés de notre monde moderne, entre l'insatiable optimisme de la connaissance et cette tragique aspiration, ce besoin d'un art indispensable. Je négligerai volontairement les autres influences ennemies qui, à toute époque, ont fait tort à l'art et spécialement à la tragédie, et qui, encore aujourd'hui, exercent un ascendant si puissant que, parmi les arts du théâtre, la farce et le ballet, par exemple, dans une floraison quasi luxurieuse, s'épanouissent en répandant des parfums qui ne sont peut-être pas du goût de chacun. Je parlerai seulement du *plus illustre antagonisme* de la conception tragique du monde, et, par là, j'entends désigner la science, optimiste au plus profond de son essence, avec son ancêtre Socrate en tête. Et ces forces seront aussi appelées par leur nom, qui me semblent le gage d'une *renaissance de la tragédie* — et quelles autres bienheureuses espérances pour l'esprit allemand !

Avant de nous précipiter au milieu de ces com-bats, couvrons-nous de l'armure des connaissances que nous venons de conquérir. À l'encontre de ceux qui s'appliquent à faire dériver les arts d'un principe unique, comme la source de vie nécessaire de toute œuvre d'art, je contemple ces deux divinités artistiques des Grecs, Apollon et Dionysos, et je reconnais en eux les représentants vivants et évidents de *deux* mondes d'art qui diffèrent essentiellement dans leur nature et leurs fins respectives. Apollon se dresse devant moi, comme le génie du principe d'individuation, qui seul peut réellement susciter la félicité libératrice dans l'apparence trans-figurée ; tandis qu'au cri d'allégresse mystique de Dionysos, le joug de l'individuation est brisé, et la route est ouverte vers les causes génératrices de l'Être, vers le fond le plus secret des choses. Ce contraste inouï, qui sépare comme un abîme l'art plastique, en tant qu'apollinien, et la musique, en tant qu'art dionysien, n'a été discerné que d'un seul parmi les grands penseurs, et cela si nettement que, sans le secours de la symbolique divine des Hellènes, il accorda à la musique le privilège d'une origine et d'un caractère particuliers la distinguant de tous les autres arts, pour la raison qu'elle ne serait pas, comme tous ceux-ci, une reproduction de l'apparence, mais bien une image immédiate de la Volonté elle-même, et représenterait ainsi, *en face de l'élément physique, l'élément métaphysique du monde,* à côté de toute apparence, la chose en soi (Schopenhauer, *MVR,* I). À l'appui de l'éternelle vérité de cette conception, la plus essentielle de toute esthétique, avec laquelle l'esthétique, au sens plus sérieux du mot, commence seulement, Richard Wagner a établi, dans son *Beethoven,* que la musique doit être jugée d'après des principes esthétiques tout différents de ceux dont on peut se servir à l'égard des autres arts plastiques, et surtout ne doit pas être appréciée selon la « catégorie » de la beauté ; encore qu'une esthétique erronée, au service d'un art faux et dégénéré, se soit habituée, sous l'influence de l'idée de beauté propre au monde plastique, à exiger de la musique un effet semblable à celui des œuvres de l'art plastique, c'est-à-dire la production *du plaisir aux belles formes.*

La constatation de ce prodigieux contraste m'en-traîna irrésistiblement à examiner de plus près l'essence de la tragédie grecque et, partant, la manifestation la plus profonde du génie hellénique. Car, seulement alors, j'eus conscience de posséder le talisman idoine, au mépris de la phraséologie de notre esthétique courante, à évoquer, incarné devant mon âme, le problème fondamental de la tragédie. La vision de l'Hellénisme qu'il me fut ainsi donné de percevoir fut si étrange, si parti-culière, que je me vis obligé d'en conclure que, nonobstant la morgue de ses façons, notre science hellénique classique semble jusqu'ici s'être exclusivement amusée d'un spectacle d'ombres chinoises et accommodée d'apparences superficielles.

Nous pourrions peut-être aborder ce problème fondamental en nous demandant : quel effet esthétique prend naissance lorsque ces impulsions artistiques apollinienne et dionysienne, scindées et distinctes en soi, concourent parallèlement à une action commune ? Ou, sous une forme plus concise : quel est le rapport de la musique à l'image et à l'idée ? — Schopenhauer, dont Wagner a proclamé, sur ce point spécial, la clairvoyance et la lucidité s'exprime à ce sujet de la manière la plus explicite dans le passage suivant que je reproduis ici tout entier (*MVR,* I) : « D'après tout ce qui précède, nous pouvons considérer le monde des apparences, ou la nature, et la musique, comme deux expressions différentes d'une même chose, laquelle chose elle-même est ainsi, pour l'analogie de ces deux expressions, l'unique truchement intermédiaire dont la connaissance est indispensable pour distinguer cette analogie. En effet, la musique, si on la considère en tant qu'expression du monde, est une langue générale au plus haut degré, qui est même à la généralité des idées dans un rapport identique à celui qui existe entre ces idées et les choses concrètes. Mais sa généralité n'est en aucune sorte cette généralité vide de l'abstraction ; elle est d'une tout autre espèce et inséparable d'une précision évidente et intelligible à chacun. Elle ressemble en cela aux figures géométriques et aux nombres, qui, en qualité de formes générales de tous objets possibles de l'expérience et applicables à tous *a priori,* ont un sens précis, non pas abstrait, mais intelligible à la perception et courant. Toutes les impulsions, les émotions, les manifestations de la volonté imaginables, toutes ces contingences de l'âme humaine jetées par la raison dans l'immensité négative de la notion de " sentiment ", peuvent être exprimées à l'aide de la multitude infinie des mélodies possibles, mais toujours exclusivement dans la généralité de la forme pure, sans la substance, toujours seulement en tant que chose en soi, non pas en tant qu'apparence, en quelque sorte comme l'âme de l'apparence, incorporellement. Ce rapport intime, qui existe entre la musique et la véritable essence de toutes choses, nous explique aussi pourquoi, lorsqu'au prétexte d'une scène, d'une action, d'un événement, d'un milieu quelconques, résonne une musique adéquate, celle-ci semble nous en révéler la signification la plus secrète et s'affirme le plus exact et le plus lumineux des commentaires ; et nous comprenons également comment celui qui s'abandonne sans réserve à l'impression produite par une symphonie croit voir se dérouler devant ses yeux tous les événements imaginables de la vie et du monde. Cependant, à la réflexion, il ne peut alléguer aucune ressemblance entre ces combinaisons sonores et les objets évoqués par leur audition. Car, je l'ai déjà dit, la musique diffère de tous les autres arts en ceci qu'elle n'est pas la reproduction de l'apparence, ou mieux, de l'adéquate objectivité de la volonté, mais bien l'image immédiate de la volonté elle-même, et représente ainsi, en face de l'élément physique, l'élément métaphysique du monde, à côté de toute apparence, la chose en soi. On pourrait donc définir le monde aussi bien musique matérialisée que " volonté matérialisée " et l'on comprend ainsi pourquoi la musique confère aussitôt à tout tableau, à toute scène de la vie réelle, une signification plus haute et cela, certes, avec une puissance d'autant plus grande que l'analogie est plus étroite entre sa mélodie et l'apparence dont il s'agit. C'est ce qui fait qu'il est possible d'adjoindre à la musique un poème comme chant, une description figurée comme pantomime, ou les deux réunis comme opéra. De tels tableaux isolés de la vie humaine, adaptés au langage général de la musique, ne lui sont jamais, de toute nécessité, connexes et corrélatifs ; ils n'ont avec elle d'autre rapport que celui d'un exemple facultatif vis-à-vis d'une notion générale ; ils représentent, grâce à la précision de la réalité, ce que la musique exprime à l'aide de la généralité de forme pure de la sensation. Car les mélodies sont jusqu'à un certain point, comme les idées générales, un *abstractum* de la réalité. En effet celle-ci, c'est-à-dire le monde des choses concrètes, fournit le perceptible, le particulier et l'individuel, le cas isolé, aussi bien à la généralité des idées qu'à celle des mélodies ; mais ces deux généralités sont à certains égards opposées l'une à l'autre, en ce sens que les idées contiennent seulement les formes tout d'abord et en premier lieu abstraites de la perception, en quelque sorte l'écorce superficielle détachée des choses, et sont, par conséquent, des abstractions absolues, tandis que la musique donne le noyau préexistant, la substance la plus intime de tout phénomène apparent, le cœur même de choses. Ce rapport s'exprimerait parfaitement au moyen de la terminologie des scholastiques, en disant : les idées sont l'*universalia post rem,* mais la musique donne l'*universalia ante rem*, et la réalité l'*universalia in re*. — Ainsi qu'il a été dit déjà, la raison pour laquelle il est possible d'établir une relation entre une composition musicale et une représentation perceptible, est que toutes deux sont seulement des expressions totalement distinctes de la même essence intime du monde. Aussi lorsque, dans un cas déterminé, cette relation se manifeste avec évidence, lorsque le compositeur a su rendre, dans la langue générale de la musique, les mouvements de la volonté qui constituent la matière essentielle, le noyau d'un événement donné, alors la mélodie du *Lied*, la musique de l'opéra sont expressives. Mais cette analogie discernée par le musicien doit être chez lui le résultat de la perception immédiate de l'essence du monde, à l'insu de sa raison, et non pas une imitation consciente, préméditée, et obtenue par l'intermédiaire des idées. Autrement, la musique n'exprime pas l'essence intime du monde, la volonté elle-même, elle est seulement l'imitation incomplète de son apparence ; ainsi qu'il advient pour toute musique spécialement imitative. »

Donc, selon Schopenhauer, nous comprenons la musique immédiatement en tant que langage de la volonté, et nous sentons notre imagination in-citée à donner une forme à ce monde d'esprits dont la voix nous parle, ce monde invisible et pourtant si tumultueusement agité, et à l'incarner dans un symbole analogue. D'autre part, l'image et l'idée, sous l'influence efficiente d'une musique vraiment adéquate, acquièrent une signification supérieure. L'art dionysien exerce ainsi deux sortes d'effets sur les ressources artistiques apolliniennes : la musique excite à la *perception symbolique* de la généralité dionysienne, et la musique confère alors à l'image allégorique *sa portée la plus haute*. De ces faits positifs, compréhensibles en soi et accessibles à tout esprit sérieux et réfléchi, je conclus que la musique a le pouvoir de donner naissance au *mythe*, c'est-à-dire au plus significatif des symboles, et précisément au mythe *tragique*, au mythe qui exprime en paraboles la connaissance dionysienne. À propos du phénomène du lyrique, j'ai montré comment, chez le poète lyrique, la musique aspire à manifester sa nature essentielle en des images apolliniennes. Figurons-nous, à présent, que la musique, à l'apogée de son essor, soit obligée de chercher à aboutir à une incarnation pareillement accomplie, nous devons admettre qu'elle sache trouver aussi l'expression symbolique adéquate à la sagesse dionysienne qui lui est propre ; et où nous faudrait-il découvrir cette expression, si ce n'est dans la tragédie, et, d'une façon générale, dans la notion du *tragique* ?

Le tragique ne peut être légitimement dérivé de la nature essentielle de l'art, telle qu'on la conçoit d'ordinaire uniquement selon les catégories de l'apparence et de la beauté ; le seul esprit de la musique nous fait comprendre qu'une joie puisse résulter de l'anéantissement de l'individu. Car, au spectacle des exemples isolés de cet anéantissement, s'éclaire pour nous le phénomène éternel de l'art dionysien, qui montre la volonté dans sa toute-puissance, en quelque sorte derrière le principe d'individuation, l'éternelle vie au delà de toute apparence et en dépit de tout anéantissement. La joie métaphysique ressentie du tragique est une traduction de l'inconsciente sagesse dionysienne dans le langage du symbole. Le héros, la plus haute manifestation apparente de la volonté, est annihilé pour notre plaisir, parce qu'il n'est, malgré tout, qu'une apparence, et que l'éternelle vie de la volonté n'est pas effleurée par son anéantissement. « Nous croyons à la vie éternelle, » proclame la tragédie ; tandis que la musique est l'Idée immédiate de cette vie. L'art plastique a un but tout différent : ici, Apollon triomphe de la souffrance de l'individu à l'aide de la glorification radieuse de *l'éternité de l'apparence ;* ici la beauté l'emporte sur le mal inhérent à la vie, la douleur est, dans un certain sens, mensongèrement supprimée des traits de la nature. Dans l'art dionysien et dans sa symbolique tragique, cette même nature nous parle d'une voix non déguisée, de sa voix véritable, et nous dit : « Sois tel que je suis moi-même ! Parmi la perpétuelle métamorphose des apparences, l'aïeule primordiale, l'éternelle créatrice, l'impulsion de vie éternellement coactive, s'assouvissant éternellement à cette variabilité de l'apparence ! »

17.

L'art dionysien lui aussi veut nous convaincre de l'éternelle joie qui est attachée à l'existence ; seulement, nous ne devons pas chercher cette joie dans les apparences, mais derrière les apparences. Nous devons reconnaître que tout ce qui naît doit être prêt pour un douloureux déclin, nous sommes forcés de plonger notre regard dans l'horrible de l'existence individuelle — et cependant la terreur ne doit pas nous glacer : une consolation métaphysique nous arrache momentanément à l'engrenage des migrations éphémères. Nous sommes véritablement, pour de courts instants, l'essence *primordiale* elle-même, et nous en ressentons l'appétence et la joie effrénées à l'existence ; la lutte, la torture, l'anéantissement des apparences, nous apparaissent désormais comme nécessaires, en face de l'intempérante profusion d'innombrables formes de vie qui se pressent et se heurtent, en présence de la fécondité surabondante de l'universelle Volonté. L'aiguillon furieux de ces tourments vient nous blesser au moment même où nous nous sommes, en quelque sorte, identifiés à l'incommensurable joie primordiale à l'existence, où nous pressentons, dans l'extase dionysienne, l'immuabilité et l'éternité de cette joie. En dépit de l'effroi et de la pitié, nous goûtons la félicité de vivre, non pas en tant qu'individus, mais en tant que la vie *une,* totale, confondus et absorbés dans sa joie créatrice.

L'histoire des origines de la tragédie grecque nous révèle maintenant, avec une lumineuse précision, comment l'œuvre d'art tragique des Grecs naquit réellement du génie de la musique ; et, à l'aide de cette pensée, nous croyons avoir exactement interprété, pour la première fois, le sens primitif et si singulier du chœur. Mais nous devons convenir, en même temps, que la portée du mythe tragique, telle que nous l'avons établie, ne fut jamais perçue, avec une netteté manifeste, des poètes, et moins encore des philosophes, de la Grèce ; le langage de leurs héros est, à certains égards, plus superficiel que leurs actes ; le mythe ne trouve, en aucune façon, dans le discours son objectivation adéquate. La succession des scènes et le spectacle des tableaux proclament une sagesse plus profonde que celle qu'il est possible au poète lui même d'atteindre par le moyen des mots et des idées. Un semblable phénomène peut être observé aussi chez Shakespeare, dont l'Hamlet, par exemple, dans une acception analogue, parle plus superficiellement qu'il n'agit, de sorte que c'est non pas des paroles, mais de la contemplation approfondie de tout l'ensemble que se déduit cette philosophie d'Hamlet précédemment exposée. En ce qui concerne la tragédie grecque, que nous connaissons en réalité uniquement sous la forme de drame parlé, j'ai même fait remarquer que cette [inadéquation][21] entre le mythe et le verbe pourrait nous égarer aisément jusqu'à diminuer dans notre esprit la signification et l'importance de la tragédie, et à lui attribuer ainsi une portée plus superficielle que celle qu'elle dut avoir d'après le témoignage des anciens : car avec quelle facilité n'oublie-t-on pas que la plus haute idéalité et sublimation du mythe, refusée au poète, lui était accessible à tout instant, en tant que musicien créateur ! Pour nous, certes, il est presque nécessaire de reconstituer savamment la puissance prépondérante de l'action musicale, pour ressentir quelque chose de ce réconfort suprême qui doit être le propre de toute vraie tragédie. Mais, à la place des Grecs, cette puissance même de la musique, nous l'eussions éprouvée exclusivement comme telle ; tandis que dans la musique grecque à son apogée, — comparée à l'art infiniment plus riche qui nous est familier, — nous croyons seulement entendre le chant d'adolescent du génie de la musique, entonné d'une voix mal assurée. Les Grecs sont, comme disent les prêtres égyptiens, les éternels enfants, et, aussi dans l'art tragique, ils ne sont que des enfants qui ne savent pas quel jouet sublime s'est formé entre leurs mains — et y sera brisé.

Cette aspiration du génie de la musique à une manifestation plastique et mythique, qui va croissant des commencements de l'art lyrique à la tragédie attique, tombe tout à coup, juste aussitôt après un superbe épanouissement, et disparaît, pour ainsi parler, de la surface de l'art hellénique ; tandis que la conception dionysienne du monde, engendrée par cette aspiration, se perpétue dans les Mystères, et, dans ses plus extraordinaires métamorphoses ou dégénérations, n'arrête pas d'attirer à soi les natures les plus sérieuses. Ne surgira-t-elle pas quelque jour, sous forme d'art, de ses profondeurs mystiques ?

Ici se pose pour nous la question de savoir si la puissance antagoniste, dont l'action causa la perte de la tragédie, possède à tout jamais une force suffisante pour empêcher le réveil artistique de la tragédie et de la conception tragique du monde. Si l'ancienne tragédie était détournée de sa voie par une tendance

---

[21] Les t. donnaient «désharmonie». (N.d.É.)

dialectique orientée vers le savoir et l'optimisme de la science, il faudrait conclure de ce fait à une lutte éternelle entre la conception *théorique* et la conception *tragique* du monde ; et seulement après que l'esprit scientifique, arrivé jusqu'aux limites qu'il lui est impossible de franchir, eût dû reconnaître, par la constatation de ces limites, le néant de sa prétention à une aptitude universelle, il serait permis d'espérer une renaissance de la tragédie ; le symbole de cette forme de culture serait *Socrate s'exerçant à la musique,* au sens relaté plus haut. Dans cette comparaison, j'entends par « esprit scientifique » cette foi à la possibilité de pénétrer les lois de la nature et à la vertu de panacée universelle accordée au savoir, qui fut incarnée pour la première fois dans la personne de Socrate.

Quiconque veut bien songer aux conséquences les plus immédiates de cet esprit scientifique, qui va de l'avant toujours et sans trêve, comprendra aussitôt comment, grâce à lui, le mythe fut anéanti, et comment, par cet anéantissement, la poésie, dépossédée de sa patrie idéale naturelle, dut errer désormais comme un vagabond sans foyer. Si nous avons légitimement accordé à la musique la puissance d'engendrer de nouveau le mythe, et de ses propres entrailles, nous aurons à rechercher l'empreinte de l'esprit scientifique également dans les manifestations où il s'affirme hostile à cette puissance de création mythique de la musique. Cette influence se signale dans la formation du *dernier dithyrambe attique,* dont la musique n'exprimait plus l'essence intime du monde, la volonté elle-même, mais reproduisait incomplètement la seule apparence, dans une imitation obtenue par l'intermédiaire des idées : musique intrinsèquement dégénérée, qui suscitait chez les natures véritable-ment musicales l'identique répulsion qu'elles éprouvaient aux tendances, mortelles pour l'art, de Socrate. L'instinct sûr et pénétrant d'Aristophane a certainement démêlé la vérité, lorsqu'il réunit, en un commun objet de haine, Socrate lui-même, la tragédie d'Euripide et la musique des nouveaux dithyrambes, et reconnaît dans ces trois phénomènes les stigmates d'une culture dégénérée. Grâce à ce nouveau dithyrambe, la musique tourne perversement au pastiche, à la contre-façon de l'apparence, par exemple, d'une bataille, d'une tempête, et est ainsi, à coup sûr, totalement dépouillée de sa puissance de création mythique. En effet, si la musique ne cherche à nous satis-faire qu'en nous forçant à découvrir des analogies extérieures entre un événement de la vie ou un accident de la nature, et certaines figures rythmiques, telles caractéristiques résonances musicales, si notre intelligence doit s'accommoder de la simple constatation de ces analogies, nous sommes alors déchus à un état d'esprit où il nous est impossible de recevoir l'impression du mythique ; car le mythe veut être ressenti par la perception en tant que symbole unique d'une généralité et vérité immuable au plus profond de l'infini. La musique véritablement dionysienne nous apparaît comme ce miroir universel de la volonté du monde. Cet épisode perceptible, dont l'image se réfracte dans ce miroir, grandit aussitôt dans notre sentiment jusqu'à l'expression parfaite d'une vérité éternelle. Au contraire, un épisode de ce genre est immédiatement démuni de son caractère mythique par la peinture musicale du nouveau dithyrambe ; ici la musique aboutit à une mesquine imitation de l'apparence, qui la rend plus misérable, infiniment, que l'apparence elle-même ; et cette pauvreté de la musique ravale à ce point le rôle de l'apparence sur notre sentiment, que, par exemple, une bataille, imitée musicalement de la sorte, s'épuise en bruits de marche, en sonneries caractéristiques, etc., et que ce sont justement ces choses superficielles qui attirent notre attention et retiennent notre esprit. La peinture musicale est donc à tout égard la parodie de la puissance de création mythique de la vraie musique ; par elle, l'apparence est encore amoindrie, alors que la musique dionysienne élève et amplifie l'apparence isolée jusqu'à en faire un symbole universel. Ce fut une éclatante victoire de l'esprit antidionysien lorsqu'il réussit, dans le nouveau dithyrambe, à rendre la musique étrangère à sa propre nature et qu'il l'eût réduite à être l'esclave de l'apparence. Euripide, qui, dans un sens plus élevé, doit être défini comme une nature absolument antimusicale, est, précisément pour cette raison, un partisan enthousiaste de la nouvelle musique dithyrambique, et il en prodigue avec une générosité de voleur tous les effets et toutes les manières.

Nous reconnaissons, d'autre part, l'action de cet esprit antidionysien ennemi du mythe, à l'importance croissante des raffinements psychologiques et de la *peinture des caractères* dans la tragédie de Sophocle. Le caractère ne doit plus se laisser généraliser, amplifier en un type éternel, il doit au contraire agir individuellement par des traits accessoires et des nuances artificielles, par la plus minutieuse précision de toutes les lignes, en sorte que le spectateur ne reçoive plus l'impression du mythe, mais bien celle d'une vérité naturelle frappante et de la puissance d'imitation de l'artiste. Là aussi, nous retrouvons la victoire de l'apparence sur l'universel, et le plaisir ressenti à une concrète et quasi anatomique préparation ; nous respirons désormais dans l'atmosphère d'un monde théorique qui prise la connaissance scientifique au-dessus de l'expression artistique d'une loi générale. La tendance au caractéristique progresse rapidement. Alors que Sophocle peint encore des caractères entiers, et soumet le mythe au joug de leur développement raffiné, Euripide n'indique déjà plus que des traits de caractères marqués et bien définis, qui se puissent traduire en passions véhémentes ; dans la nouvelle comédie attique, il ne reste plus que des masques à *une seule* expression : vieillards frivoles, entremetteurs dupés, esclaves futés, qui reviennent inlassablement. Qu'est devenu, maintenant, le génie créateur de mythes de la musique ? Ce qui reste encore de la musique, c'est dorénavant ou un moyen d'excitation, ou un pré-texte à souvenirs ; c'est-à-dire un stimulant des nerfs émoussés ou usés, ou bien de la peinture musicale. Dans le premier cas, le texte juxtaposé à la musique n'importe plus qu'à peine : chez Euripide, lorsque ses héros ou ses chœurs commencent à chanter, cela marche déjà à la débandade ; jusqu'où ont pu aller ses impudents successeurs ?

Mais c'est dans le *dénouement* des drames que se manifeste le plus nettement le nouvel esprit antidionysien. La fin de l'antique tragédie évoquait la consolation métaphysique, hors laquelle le goût de la tragédie reste inexplicable ; ces harmonies de paix, émanées d'un autre monde, c'est peut-être dans *Œdipe à Colone* qu'elles résonnent le plus purement. Maintenant le génie de la musique a abandonné la tragédie, et celle-ci est morte, au sens strict du mot : car d'où puiser désormais ce réconfort métaphysique ? Aussi, à la dissonance tragique, on chercha une convenable résolution terrestre ; le héros, après avoir été suffisamment torturé par le sort, obtenait par un beau mariage, par des hommages divins, une récompense bien méritée. Le héros était devenu un gladiateur auquel, après qu'il était congrûment écorché et couvert de blessures, on accordait éventuellement la liberté. Le *deus ex machina* a remplacé la consolation métaphysique. Je ne veux pas dire que la conception tragique du monde ait été universellement et définitivement anéantie par l'effort de l'esprit antidionysien ; nous savons seulement qu'elle dut s'enfuir du domaine de l'art, se réfugier, pour ainsi dire, dans le monde des ténèbres et dé-générer en culte secret. Mais, sur toute la surface de l'Hellénisme, se déchaîna le souffle dévastateur de cet esprit qui se manifeste sous cette forme de la « sérénité grecque » que j'ai définie comme l'ex-pression d'un bonheur de vivre sénile et infécond. Cette sérénité est la parodie de l'admirable « naïveté » des anciens Grecs qui doit être regardée, d'après le caractère que nous lui avons reconnu, comme la fleur de la culture apollinienne émergeant épanouie du fond d'un sombre abîme, comme la victoire remportée par la volonté hellénique, grâce à sa vision de beauté, sur le mal et la philosophie du mal. L'aspect le plus noble de l'autre forme de la « sérénité grecque », l'alexandrine est la sérénité de l'*homme théorique* : elle présente les mêmes signes distinctifs que j'ai montrés comme la conséquence de l'esprit antidionysien. — Elle combat la philosophie et l'art dionysiaques, elle prétend résoudre le mythe et met à la place de la consolation métaphysique une consonance terrestre, oui, un *deus ex machina* de son crû, à savoir le dieu des machines et des creusets, c'est-à-dire les forces des esprits de la nature découvertes et dépensées pour le service de l'égoïsme le plus élevé ; elle croit que le monde peut être amélioré à l'aide du savoir, que la vie doit être gouvernée par la science ; et, enfin, elle est capable aussi d'emprisonner l'homme individuel dans un cercle étroit de problèmes solubles, au milieu duquel il dit à la vie avec sérénité : « Je te veux : tu es digne d'être connue. »

18.

C'est un phénomène éternel : toujours l'insatiable volonté trouve un moyen pour attacher ses créatures à l'existence et les forcer à continuer de vivre, à l'aide d'une illusion répandue sur les choses. Celui-ci est retenu par le bonheur socratique de la connaissance et par le rêve chimérique de pouvoir guérir grâce à elle la plaie éternelle de la vie ; celui-là est fasciné par le voile de beauté de l'art, qui flotte prestigieux devant ses yeux ; cet autre, à son tour, est pénétré de cette consolation métaphysique que, sous le tourbillon des apparences, l'éternelle vie poursuit son immuable cours ; sans parler des illusions plus basses et presque plus puissantes encore, ménagées à tout instant par la volonté. Ces trois degrés d'illusions sont d'ailleurs réservés aux plus nobles natures, chez lesquelles le poids et la misère de l'existence suscite un dégoût plus profond et qui peuvent échapper à ce dégoût par le secours de stimulants choisis. C'est de ces stimulants qu'est constitué tout ce que nous nommons « culture » : suivant la proportion des mélanges, il résulte une culture plus spécialement *socratique,* ou *artistique*, ou *tragique*, ou bien, si l'on veut autoriser des symbolisations historiques, une culture alexandrine, ou hellénique, ou bouddhique.

Tout notre monde moderne est pris dans le filet de la culture alexandrine et a pour idéal *l'homme théorique,* armé des moyens de connaissance les plus puissants, travaillant au service de la science, et dont le prototype et ancêtre originel est Socrate. Cet idéal est le principe et le but de toutes nos méthodes d'éducation : tout autre genre d'existence doit lutter péniblement, se développer accessoire-ment, non pas comme aboutissement projeté, mais comme occupation tolérée. Une disposition d'esprit presque effrayante fait qu'ici pendant un long temps, l'homme cultivé ne fut reconnu tel que sous la forme de l'homme instruit. Notre art de la poésie lui-même est né d'imitations érudites, et dans l'effet prépondérant de la rime, nous retrouvons le témoignage de la constitution de notre forme poétique à l'aide d'expérimentations artificielles sur une langue non familière, une langue bien pertinemment savante. Combien resterait incompréhensible à un véritable Grec le type, compréhensible en soi, de l'homme cultivé moderne, Faust, épuisant sans être assouvi jamais tous les domaines de la connaissance, adonné à la magie et voué au diable par la passion de savoir, ce Faust qu'il nous suffit de com-parer à Socrate pour constater que l'homme moderne commence à pressentir la faillite de cet engouement socratique pour la connaissance, et qu'au milieu de l'immensité solitaire de l'océan du savoir il aspire à un rivage. Lorsque Gœthe, à propos de Napoléon, déclare un jour à Eckermann : « Oui, mon ami, il y a aussi une productivité des actes », il rappelle ainsi, d'une manière charmante et naïve, que l'homme non théorique est, pour les hommes modernes, quelque chose d'invraisemblable et de déconcertant, de sorte qu'il faut encore une fois la sagesse d'un Gœthe pour concevoir, oui, pour excuser une mode d'existence aussi insolite.

Et l'on ne doit plus se dissimuler désormais ce qui est caché au fond de cette culture socratique : l'illusion sans bornes de l'optimisme ! Il ne faut plus s'épouvanter si les fruits de cet optimisme mûrissent, si la société, corrodée jusqu'à ses couches les plus basses par l'acide d'une telle culture, tremble peu à peu la fièvre de l'orgueil et des appétits, si la foi au bonheur terrestre de tous, si la croyance à la possibilité d'une semblable civilisation scientifique, se transforme peu à peu en une volonté menaçante, qui exige ce bonheur terrestre alexandrin et invoque l'intervention d'un *deus ex machina* « à l'Euripide » ! Il faut remarquer ceci : pour pouvoir durer, la civilisation alexandrine a besoin d'un état d'esclavage, d'une classe serve, mais, dans sa conception optimiste de l'existence, elle dénie la nécessité de cet état ; aussi, lorsque l'effet est usé de ses belles paroles trompeuses et lénitives sur la « dignité de l'homme » et la « dignité du travail », elle s'achemine peu à peu vers un épouvantable anéantissement. Rien n'est plus terrible qu'un barbare peuple d'esclaves, qui a appris à regarder son existence comme une injustice et se prépare à en tirer vengeance non seulement pour soi-même, mais encore pour toutes les générations à venir. Contre la menace d'un tel assaut, qui oserait, en toute assurance, appeler à l'aide nos religions blafardes et épuisées qui, même dans leurs fondements, ont dégénéré jusqu'à devenir des religions savantes ; au point que le mythe, cette condition préalable nécessaire de toute religion, est désormais et partout sans force et que, même aussi dans ce domaine, règne à présent cet esprit optimiste que nous venons de définir comme le germe de mort de notre société.

Pendant que l'imminence du malheur qui sommeille au sein de la culture théorique trouble de plus en plus l'homme moderne et qu'il cherche avec inquiétude, parmi le trésor de ses expériences, les moyens aptes à détourner le danger, sans bien croire lui-même à leur efficacité, tandis qu'il commence à percevoir les conséquences de ses propres errements, certaines natures supérieures, des esprits élevés, enclins aux idées générales, ont su, avec une incroyable perspicacité, employer les armes mêmes de la science pour montrer les limites et la relativité de la connaissance, et démentir ainsi péremptoirement la prétention de la science à une valeur et une aptitude universelles. Il fallut, pour la première fois, reconnaître comme illusoire la présomption d'approfondir l'essence la plus intime des choses au moyen de la causalité. Le courage et la clairvoyance extraordinaires de Kant et de Schopenhauer ont réussi à remporter la victoire la plus difficile, la victoire sur l'optimisme latent, inhérent à l'essence de la logique, et que lui-même fait le fond de notre culture. Alors que cet optimisme, appuyé sur sa confiance imperturbable dans les *eternæ veritates,* avait cru à la possibilité d'approfondir et de résoudre tous les problèmes de la nature, avait considéré l'espace, le temps et la causa-lité comme des lois absolues d'une valeur universelle, Kant révéla que, en vérité, ces idées servaient seulement à élever la pure apparence, l'œuvre de la Maïa, au rang de réalité unique et supérieure, à mettre cette apparence à la place de l'essence véritable et intrinsèque des choses et à rendre par là impossible la connaissance réelle de cette essence, c'est-à-dire, selon l'expression de Schopenhauer, à endormir plus profondément encore le rêveur (*MVR*, I). Cette constatation est la préface d'une culture que j'oserai qualifier de culture tragique, dont le caractère le plus essentiel est que la sagesse instinctive y remplace la science en qualité de but suprême : et cette sagesse, insensible aux diversions captieuses de la science, embrasse d'un regard im-muable tout le tableau de l'univers et, dans cette contemplation, cherche à ressentir l'éternelle souffrance avec compassion et amour, à faire sienne cette souffrance éternelle.

Figurons-nous une génération grandissant avec cette intrépidité du regard, avec cette impulsion héroïque vers le monstrueux, l'extraordinaire ; imaginons l'allure hardie de ce tueur de dragons, l'orgueilleuse témérité avec laquelle ces êtres tournent le dos aux enseignements débiles de l'optimisme, pour « vivre résolument » d'une vie pleine et complète ! *ne devait-il pas arriver nécessairement* que l'expérience volontaire de l'énergie et de la terreur amenât l'homme tragique de cette civilisation à souhaiter un art nouveau, *l'art de la consolation métaphysique,* la tragédie, telle une Hélène à la-quelle il avait droit, et à s'écrier avec Faust :

> Et ne devais-je pas, avec une violence passionnée,
> Faire naître à la vie la forme la plus divine ?

La culture socratique ne tient plus le sceptre de son infaillibilité que d'une main tremblante, ébranlée qu'elle est de deux côtés à la fois, par la crainte de ses propres conséquences qu'elle commence à pressentir peu à peu, et parce qu'elle-même n'a plus, dans la valeur éternelle de ses fondements, la confiance naïve de jadis ; et c'est alors un triste spectacle que celui de la danse de sa pensée, toujours en quête de formes nouvelles pour les enlacer avec ardeur, et qui les abandonne soudain en frissonnant, comme Méphistophélès les Lamies séductrices. C'est bien là l'indice de cette « faillite », dont chacun parle couramment comme du mal organique originel de la culture moderne. Effrayé et désappointé des conséquences de son système, l'homme théorique n'ose plus s'aventurer dans la débâcle du terrible torrent de glace de l'existence : anxieux et indécis, il court çà et là sur le rivage. Il ne veut plus rien avoir tout à fait, rien posséder tout entier avec aussi la naturelle cruauté des choses. L'optimisme l'a énervé à ce point. En même temps, il sent combien une culture, basée sur le principe de la science, doit s'écrouler dès l'instant qu'elle devient *illogique,* c'est-à-dire qu'elle recule devant ses conséquences. Notre art proclame cette universelle détresse. C'est en vain que, par l'imitation, on s'appuie de toutes les grandes époques productrices ou des natures créatrices supérieures ; c'est en vain que, pour la consolation de l'homme moderne, on amoncèle au-tour de lui toute la « littérature universelle », et qu'on l'entoure des styles et des artistes de tous les temps, afin que, tel Adam au milieu des animaux, il leur puisse donner un nom, — il reste malgré tout l'éternel affamé, le « critique » sans joie et sans force, l'homme alexandrin qui est, au fond, un bibliothécaire et un prote[22], et qui perd la vue misérablement à la poussière des livres et aux fautes d'impression.

---

[22] Chef d'atelier (imprimerie). (N.d.É.)

19.

On ne peut caractériser plus nettement la teneur intrinsèque de cette culture socratique qu'en la nommant la *culture de l'opéra*. Dans ce domaine, en effet, cette culture a révélé, avec une particulière naïveté, et son but et sa nature, et cela à notre stupéfaction, si nous comparons la genèse de l'opéra et les manifestations notoires de l'évolution de l'opéra avec les éternelles vérités apollinienne et dionysiaque. Je rappellerai d'abord l'avènement du *stilo rappresentativo* et du récitatif. Est-il croyable que cette musique, tout extériorisée, incapable de recueillement, ait pu être acceptée et cultivée avec un engouement passionné, en quelque sorte comme une régénération de toute véritable musique, par l'art d'une époque où venait de resplendir la sainteté et l'inexprimable sublime de la musique de Palestrina ? Et, d'autre part, qui voudrait attribuer au seul épicurisme, avide de divertissements, de la société florentine d'alors et à la vanité de ses chanteurs dramatiques, l'exclusive responsabilité de la vogue de l'opéra et de sa soudaine et frénétique expansion ? Que, dans le même temps et chez le même peuple, à côté de la voûte ogivale des harmonies de Palestrina, à laquelle avait travaillé tout le moyen âge chrétien, ait surgi cette fureur pour un mode d'expression qui n'est musical qu'à moitié, c'est là un phénomène que je ne puis m'expliquer que par l'action d'une *tendance extra-artistique* inhérente à la nature du récitatif.

Pour la satisfaction de l'auditeur qui veut percevoir avec netteté les paroles, le chanteur parle plus qu'il ne chante, et, par ce demi-chant, souligne plus fortement l'expression pathétique du discours. Grâce à ce renforcement du pathos, il facilite la compréhension de la parole et fait violence à l'élément qui constitue l'autre moitié de la musique. Le véritable danger qui le menace alors est qu'il accorde quelquefois mal à propos la prépondérance à la musique, par quoi disparaîtraient aussitôt fatalement le pathétique et la clarté du langage ; et pourtant, il se sent poussé par ailleurs à abandonner sa voix à l'entraînement musical et à la faire valoir avec virtuosité. Ici, le « poète » vient à son secours, en sachant lui ménager suffisamment les occasions d'accents lyriques, de répétitions de mots et de phrases, etc., qui permettent au chanteur de se reposer en ces endroits dans l'élément pure-ment musical, sans prendre souci des paroles. Cette alternance de discours passionnés, expressifs, bien que chantés à moitié, et d'exclamations complète-ment chantées, qui est l'essence du *stilo rappresentativo,* les brusques fluctuations de cet effort qui s'évertue à agir, tantôt sur l'intelligence et l'imagination, tantôt sur le tréfonds musical de l'auditeur, tout cela est quelque chose de si absolument anti-naturel, de si profondément opposé aussi bien aux impulsions artistiques dionysiaques qu'à la tendance apollinienne, que l'on est obligé d'en conclure que le récitatif a trouvé son origine en dehors de tout instinct artistique. Il nous faut donc définir le récitatif comme un amalgame des interprétations épique et lyrique et, à coup sûr, en aucune façon comme une combinaison intime et stable impossible à réaliser à l'aide d'éléments aussi totalement disparates, au contraire, comme une espèce de mosaïque, l'agglutination la plus superficielle, comme une chose sans exemple dans le domaine de la nature et de l'expérience. *Mais tel n'était pas le sentiment des inventeurs du récitatif ;* bien plus, ils se figuraient même, et avec eux tous leurs contemporains, avoir retrouvé dans ce *stilo rappresentativo* le secret de la musique anti-que et l'explication de l'ascendant inouï d'un Orphée, d'un Amphion, voire de la tragédie grecque. Le nouveau style fut considéré comme une résurrection de la musique la plus puissamment expressive, celle des anciens Grecs. Grâce à l'opinion unanimement acceptée, à la conception toute populaire que l'on s'était formée du monde homérique, *comme étant le monde primitif,* originel, on put même se laisser aller au rêve d'un retour aux commencements paradisiaques de l'humanité, où la musique aussi devait nécessairement avoir possédé cette pureté, cette puissance et cette innocence que, dans leurs pastorales, les poètes savaient évoquer d'une manière si touchante. Nous pénétrons ici jusqu'au plus pro-fond du principe générateur de cette forme artistique toute spécialement moderne, l'opéra : une impérieuse aspiration se crée à soi-même un art, mais une aspiration d'ordre inesthétique, l'attrait passionné pour l'idylle, la croyance à l'existence préhistorique d'un être humain artiste et bon. Le récitatif fut regardé comme la langue restaurée de cet homme primitif, l'opéra comme la patrie retrouvée de cette entité idyllique, de cette nature héroïque et bonne qui, dès qu'elle agit, obéit à un instinct artistique naturel, qui, dès qu'elle parle, chante pour le moins un peu, et chante soudain à pleine voix sous l'influence de la plus légère émotion. Peu nous importe aujourd'hui qu'au moyen de cette image reconstituée de l'être paradisiaque, de l'artiste de l'âge d'or, les humanistes de l'époque aient combattu l'antique conception théologique de l'homme prédestiné en soi au mal et à la dam-nation : ce qui confère à l'opéra la valeur d'une doctrine d'opposition, le sens d'un dogme de l'homme bon, mais lui accorde aussi la vertu d'un réconfort tutélaire contre le pessimisme auquel étaient en-traînés spécialement et le plus fortement les esprits sérieux de ce temps, au milieu de l'épouvantable et universelle insécurité de l'existence. Il nous suffit d'avoir reconnu que le charme propre et, par conséquent, le développement de cette forme d'art nouvelle, résulte de la satisfaction d'une aspiration absolument inesthétique, de la glorification optimiste de l'homme en soi, de la conception de l'homme primitif comme l'homme naturellement artiste et bon. Ce principe fondamental de l'opéra s'est transformé peu à peu en une menaçante et terrible *exigence* qu'il nous est impossible de dédaigner en présence des mouvements socialistes contemporains. « L'homme primitif bon » réclame ses droits : quelles perspectives paradisiaques !

Je veux ajouter encore une confirmation non moins évidente de mon assertion que l'opéra est le produit de notre culture alexandrine, et est basé sur les mêmes principes. L'opéra est l'œuvre de l'homme théorique, de l'amateur critique, et non de l'artiste : un des phénomènes les plus étranges de l'histoire de tous les arts. Ce fut une exigence d'auditeurs bien pertinemment anti-musicaux, que l'on dût avant tout comprendre les paroles ; de sorte qu'il ne serait possible ainsi d'espérer une renaissance de l'art musical que si l'on parvenait à découvrir une espèce de chant dans laquelle le mot du texte commande à la polyphonie comme le maître à l'esclave, les paroles étant au même degré supérieures à l'harmonie qui les accompagne que l'âme est plus noble que le corps. C'est d'après la grossièreté ignorante et antimusicale de ces théories que fut réalisée, dans les commencements de l'opéra, l'association de la musique, de l'image et de la parole ; c'est aussi suivant les préceptes de cette esthétique que les poètes et les chanteurs à la mode en tentèrent les premiers essais dans les milieux aristocratiques dilettantes de Florence. L'homme artistiquement impuissant se crée à soi-même une forme d'art adéquate juste-ment par cela même qu'il est l'homme anti-artistique en soi. Comme il ne se doute pas de la profondeur dionysiaque de la musique, il métamorphose pour son usage la jouissance musicale en compréhension rationnelle d'une rhétorique de la passion faite de sons et de mots dans le *stilo rappresentativo,* et en un plaisir suprême aux artifices des chanteurs ; parce qu'il lui est refusé d'atteindre jusqu'à la vision, il réclame le secours du machiniste et du décorateur ; parce qu'il lui est impossible de concevoir la véritable nature de l'artiste, il évoque devant soi : « l'homme primitif artistique » selon son goût, c'est-à-dire l'homme que la passion incite à chanter et à parler en vers. Il s'imagine être transporté dans un temps où la seule passion suffit à engendrer des chants et des poèmes ; comme si la passion avait jamais été capable de créer quelque chose d'artistique. Le postulat de l'opéra est basé sur une conception erronée de la nature de l'art, à savoir sur cette hypothèse idyllique que, en réalité, tout homme doué de sensibilité est un artiste. Dans cette acception, l'opéra est l'expression du dilettantisme dans l'art, la manifestation du dilettantisme qui dicte ses lois avec la sérénité optimiste de l'homme théorique.

S'il nous fallait agréger en une formule synthétique les deux principes efficients de la formation de l'opéra que nous venons de décrire, nous n'au-rions autre chose à faire qu'à parler d'une *tendance idyllique de l'opéra* et à faire usage uniquement ici des expressions mêmes et de la démonstration de Schiller. « Ou bien, dit-il, la nature et l'idéal sont un sujet de tristesse, lorsque celle-là est représentée comme perdue et celui-ci comme n'étant pas atteint ; ou bien tous deux sont un sujet de joie, s'ils sont représentés comme étant une réalité. Du premier cas résulte l'élégie au sens strict du mot ; du second, l'idylle dans sa signification la plus étendue ». Il faut s'empresser de faire re-marquer ce caractère commun des deux principes générateurs de l'opéra, que, par eux, l'idéal n'est pas conçu comme non atteint, ni l'état de nature considéré comme perdu. D'après cette manière de penser, il y aurait eu une époque primordiale où l'homme vivait au cœur même de la nature, et, dans cet état de nature, avait en même temps atteint à l'idéal de l'humanité, à une maîtrise artistique et une bonté paradisiaques ; nous serions tous les descendants de cet être primitif et parfait, nous en serions même encore la fidèle ressemblance ; seule-ment, pour nous reconnaître dans cet homme primordial, il nous faudrait rejeter quelque chose de nous, en renonçant volontairement à une érudition superflue, à une culture exagérée. Cette harmonie entre la nature et l'idéal, l'homme cultivé de la Renaissance la retrouvait dans son opéra imité de la tragédie grecque et se transportait ainsi dans une réalité idyllique ; il se servait de cette tragédie, comme Dante de Virgile, pour être conduit jus-qu'aux portes du paradis : mais, à partir de là, il reprenait son indépendance pour aller plus loin encore et passait d'une imitation de la forme la plus élevée de l'art grec à une « restitution de toutes choses », à une reconstitution du monde artistique primordial de l'humanité. Quelle assurance ingénue dans ces efforts téméraires au sein de la culture théorique ! — on ne saurait se l'expliquer que par l'existence de cette croyance consolatrice que « l'homme en soi » constitue le héros d'opéra éternellement vertueux, qu'il est le berger qui éternellement chante et joue de la flûte, enfin que cet « homme en soi » doit nécessairement toujours se retrouver comme tel, au cas où, à un moment quelconque, il se serait perdu lui-même pendant quelque temps ; et on reconnaît ici l'authentique conséquence de cet optimisme qui s'élève des profondeurs de la conception socratique du monde, comme une vapeur parfumée, aux relents douceâtres et perfides.

L'opéra ne nous offre donc nullement l'expression de cette douleur élégiaque que cause une perte irréparable, mais bien la sérénité d'une perpétuelle recouvrance, la jouissance facile d'une idyllique réalité que, tout au moins, on peut à chaque instant s'imaginer réelle, — auquel cas il arrive parfois peut-être que l'on ait soudain le sentiment que cette prétendue réalité est seulement une fantasmagorie bouffonne et inepte, et que quiconque aurait le pouvoir de la comparer à la terrible gravité de la vraie nature, aux véritables scènes primitives des origines de l'humanité, devrait s'écrier avec dégoût : « Qu'on nous débarrasse de ce fantôme ! » On se tromperait pourtant si l'on se figurait pouvoir chasser cette apparition de mascarade qu'est l'opéra simplement par un grand cri, comme on fait pour un spectre ou un revenant. Celui qui veut détruire l'opéra doit engager la lutte contre cette sérénité alexandrine, qui symbolise si naïve-ment en lui ses théories favorites, et dont il est, en réalité, l'adéquate forme artistique. Mais qu'espérer pour l'art lui-même des effets d'une forme artistique dont les principes générateurs ne sont pas d'ordre esthétique, qui s'est, au contraire, échappée d'une sphère mi-morale, pour s'introduire à la dé-robée dans le domaine de l'art, et ne peut dissimuler cette origine hybride que de temps en temps et par hasard ? De quels sucs se nourrit cet organisme parasite qu'est l'opéra, si ce n'est de la sève de l'art véritable ? Ne sera-t-il pas à prévoir que, sous l'influence de ses séductions idylliques, de ses captieux artifices alexandrins, la tâche la plus haute et la plus vraiment sérieuse de l'art — arracher le regard à l'horreur des ténèbres et épargner au « sujet », par le baume salutaire de l'apparence, les affres des convulsions de la Volonté — en arrive à dégénérer jusqu'à n'être plus qu'une occasion de plaisir, un moyen de distractions frivole ? Qu'adviendra-t-il des éternelles vérités dionysiaque et apollinienne, avec cet amalgame de styles qui est l'essence du *stilo rappresentativo ?* où la musique est considérée comme la servante et le texte comme le maître, où la musique est comparée au corps et la parole à l'âme ? où, dans le meilleur cas, le but suprême est une peinture musicale imitative, à peu près comme il en fut jadis dans le dernier dithyrambe attique ? où la musique est absolument déchue de sa véritable fonction, dépossédée de sa dignité de miroir dionysiaque du monde, de telle sorte que, devenue l'esclave de l'apparence, il ne lui reste plus d'autre rôle que celui d'imiter la modalité de formes des apparences et de provoquer un plaisir tout extérieur par le jeu des lignes et des proportions ? Un examen attentif montre que cette influence néfaste de l'opéra sur la musique coïncide exactement avec l'évolution tout entière de la musique moderne. L'optimisme latent, inhérent à la genèse de l'opéra et à l'esprit de la culture qu'il représente, a réussi, avec une rapidité inquiétante, à dépouiller la musique de son caractère d'expression dionysiaque du monde et à lui inculquer les qualités d'un art agréable, s'amusant aux arabesques des formes. Et l'on ne saurait peut-être comparer cette transformation qu'à la métamorphose qui fit de l'homme eschyléen, l'homme de la sérénité alexandrine.

Mais si nous avons démontré par des exemples et légitimement affirmé la connexité qui se révèle entre la disparition de l'esprit dionysien et une modification insolite, une dégénération de l'homme grec frappante au plus haut point et inexpliquée jusqu'ici, — quelles espérances ne doivent pas renaître en nous lorsque les présages les plus certains nous garantissent l'avènement du *phénomène con-traire, le réveil progressif de l'esprit dionysien* dans notre monde actuel ! Il n'est pas possible que la divine force d'Hercule sommeille éternellement en esclavage, dans les liens voluptueux d'Omphale. Du tréfonds dionysiaque de l'esprit allemand, une force a surgi, qui n'a rien de commun avec les principes fondamentaux de la culture socratique, et que cette culture est impuissante aussi bien à expliquer qu'à justifier, une force qui, au regard de cette culture, est au contraire quelque chose d'effrayant et d'inconcevable, quelque chose d'odieux et d'extravagant, *la musique allemande,* telle sur-tout qu'elle nous apparaît dans son radieux et puissant essor de Bach à Beethoven et de Beethoven à Wagner. Que peut essayer d'entreprendre, dans les circonstances les plus favorables, la curiosité positive et empirique du socratisme de nos jours, avec ce démon évoqué d'insondables profondeurs ? Ni l'arabesque dentelée de la mélodie d'opéra, ni la machine arithmétique de la fugue ou la dialectique du contrepoint ne sont capables de livrer les for-mules dont la triple puissance aurait le pouvoir d'enchaîner ce démon et de le forcer à parler. Quel spectacle est celui de nos esthéticiens qui, armés du filet de leur idée spéciale de la « beauté », poursuivent le génie de la musique évoluant devant eux avec une déconcertante vitalité, et cherchent à s'en saisir, au milieu de préoccupations relevant aussi peu des lois de la beauté éternelle que de celles du sublime. On n'a qu'à regarder un peu de près et en personne ces chaperons de la musique, lors-qu'ils crient avec une si infatigable ardeur « Beauté ! Beauté ! », pour voir s'ils se conduisent, en cette occurrence, comme les fils préférés de la nature, ses enfants gâtés élevés dans le giron du beau, ou s'ils ne cherchent pas plutôt ainsi un masque hypocrite pour dissimuler leur cuistrerie naturelle, un prétexte esthétique pour excuser leur apathie et leur platitude : à ce propos, je pense, par exemple, à Otto Jahn. Mais que le menteur et l'hypocrite prennent garde à la musique allemande ; car, au centre de toute notre culture, elle seule est le feu spirituel inaltéré, limpide et purificateur, d'où proviennent et où vont toutes choses entraînées dans un double orbite comme dans le système du grand Heraclite d'Ephèse ; et tout ce que nous nommons aujourd'hui culture, intelligence, civilisation, doit comparaître un jour au tribunal de Dionysos, l'infaillible justicier.

Rappelons-nous alors, comment, grâce à Kant et à Schopenhauer, il fut possible à *la philosophie allemande,* dérivée des mêmes principes, d'anéantir le satisfait plaisir de vivre du socratisme scientifique, par la détermination de ses limites ; com-ment cette démonstration eut pour résultat une conception incomparablement plus profonde et plus sérieuse des problèmes éthiques et de l'art, conception que nous pouvons définir en toute assurance comme la *sagesse dionysienne* exprimée en idées. Que signifie pour nous cette connivence mystérieuse de la musique et de la philosophie allemandes, si ce n'est l'avènement d'une nouvelle forme d'existence dont nous ne pouvons nous faire une idée qu'à l'aide d'analogies helléniques ? Car l'exemple des Grecs conserve pour nous, qui sommes arrivés à la ligne frontière de deux différentes formes d'existence, cette valeur inappréciable que toutes ces luttes et ces évolutions nous sont présentées par lui sous un aspect classique et plein d'enseignement. Il semble seulement que nous revivions analogiquement, en quelque sorte dans l'ordre *inverse,* les grandes époques décisives de l'Hellénisme et que nous remontions en arrière, par exemple, de l'ère alexandrine jusqu'à l'époque de la tragédie. Nous éprouvons en même temps cette impression que la naissance d'une époque tragique n'aie d'autre signification pour l'esprit allemand que celle d'un retour à sa propre nature, d'une bienheureuse recouvrance de soi-même, après que, durant un long temps, de monstrueuses forces étrangères avaient asservi au joug de leur forme cet esprit abandonné à une informe barbarie. Après avoir désormais retrouvé la source vive de sa véritable nature, il peut oser s'avancer enfin, débarrassé du harnais d'une civilisation romane fier et libre en face de tous les peuples, s'il sait s'attacher inébranlablement aux seuls enseignements d'un peuple duquel on peut dire qu'apprendre de lui est déjà une gloire insigne et un honneur exceptionnel, du peuple grec. Et quand les leçons de ces maîtres suprêmes pourraient-elles nous être plus nécessaires qu'à l'heure présente, alors que nous assis-tons à une *renaissance de la tragédie,* et que nous sommes en danger d'ignorer d'où elle vient et de ne pouvoir nous expliquer le but qu'elle veut atteindre ?

20.

Si l'on voulait rechercher, avec l'impartialité d'un juge incorruptible, en quel temps et par quels hommes l'esprit allemand a fait jusqu'ici le plus puissant effort pour apprendre quelque chose des Grecs, et si nous admettions, en toute assurance, que ce mérite dût être uniquement attribué à la noble ardeur intellectuelle de Gœthe, de Schiller et de Winckelmann, il faudrait cependant ajouter que, depuis cette époque et dès après les effets immédiats de ces efforts, la tendance à suivre la même voie pour conquérir la culture intellectuelle et se rapprocher des Grecs a diminué graduelle-ment d'une manière inconcevable. N'aurions-nous pas le droit, pour ne pas désespérer tout à fait de l'esprit allemand, de tirer de là cette conclusion que, en certains points essentiels quelconques, il n'a pas été donné, même à de tels hommes, de pénétrer jusqu'au cœur de la nature hellène, et de consolider, par un lien passionné et durable, l'alliance de la culture allemande et de la culture grecque ? Peut-être une inconsciente constatation de cette impuissance découragea-t-elle les natures les plus sérieuses, et les induisit à douter d'elles-mêmes et à penser qu'après de semblables devanciers il leur était impossible de pousser plus loin dans la direction de cette tendance intellectuelle et d'atteindre jamais le but. Aussi voyons-nous depuis ce moment dégénérer de la façon la plus inquiétante le sentiment de l'importance des Grecs au point de vue de la culture intellectuelle. Dans les milieux les plus divers de l'esprit et de la sottise, on peut entendre l'identique expression d'une commisération dédaigneuse. D'autre part, de beaux parleurs exercent aux facéties de « l'harmonie grecque », de « la beauté grecque », de « la sérénité grecque » les talents d'une rhétorique inefficace. Et c'est justement dans les sphères dont ce pourrait être le privilège que de fouiller sans se lasser le lit du fleuve grec au profit de la culture allemande, dans la caste des professeurs des plus hautes facultés universitaires, que l'on a le mieux appris à en prendre de bonne heure à son aise avec les Grecs ; et cela en allant souvent jusqu'à sacrifier avec scepticisme l'idéal hellénique et engager les études de l'antiquité dans une voie diamétralement opposée à leur but véritable. S'il est quelqu'un, parmi ces gens, qui ne soit pas épuisé complètement par la tâche assidue d'une méticuleuse correction de vieux textes ou d'une micrographie linguistique, peut-être, à côté d'autres antiquités, cherchera-t-il aussi à étudier l'antiquité grecque à un point de vue « historique », mais toujours selon la méthode et les façons pédantes de l'érudition historique contemporaine. Si, en conséquence, l'influence intellectuelle et éducatrice avérée des écoles supérieures n'a jamais été plus faible, plus nulle qu'en ce moment, si le « journaliste », cet esclave du papier quotidien, a pu rem-porter la victoire sur les maîtres les plus éminents pour tout ce qui regarde la culture de l'esprit, et s'il ne reste plus à ceux-ci d'autre ressource qu'un travestissement déjà souvent constaté, que de s'emparer désormais du ton et des manières du journaliste, et, s'assimilant « l'élégance facile » du métier, de se métamorphoser en un joyeux papillon intellectuel, — avec quelle anxiété et quelle stupeur les esprits modernes façonnés à ce régime ne doivent-ils pas contempler ce phénomène qui ne saurait être à peu près entendu, par analogie, qu'en partant du plus profond du génie hellénique encore incompris : le réveil de l'esprit dionysiaque et la renaissance de la tragédie ? À aucune époque artistique la soi-disant culture intellectuelle et l'art véritable n'ont été aussi étrangers l'un à l'autre, aussi divergents qu'aujourd'hui. Nous com-prenons pourquoi une aussi misérable culture hait l'art véritable : elle craint en lui l'instrument de sa ruine. Mais une forme entière de culture, je veux dire cette forme socratique et alexandrine, n'est-elle pas usée, finie, lorsqu'elle aboutit à un résultat aussi grêle et aussi fragile que la culture intellectuelle contemporaine ? Si des héros de l'envergure de Schiller et de Gœthe n'ont pu réussir à enfoncer la porte magique de la montagne en-chantée de l'Hellénisme, si leur plus puissant effort n'a su trouver d'autre expression que le regard mélancolique et passionné qu'envoie vers sa patrie, au delà des mers, l'Iphigénie de Gœthe assise sur le rivage barbare de Tauris, quelle espérance resterait aux épigones de tels génies, si, d'un tout autre côté, à une place ignorée jusqu'ici de toute culture, la porte ne s'ouvrait soudain d'elle-même devant eux, — aux harmonies mystiques de la musique tragique retrouvée.

Il faut souhaiter que personne n'essaie d'ébranler notre foi en une renaissance imminente de l'antiquité hellénique, car c'est là notre seul espoir d'une régénération et d'une purification de l'esprit allemand aux effluves enchantés du feu de la musique. Dans la désolation et la torpeur de la culture présente, quel autre indice pourrions-nous relever d'une promesse réconfortante pour l'avenir ? Nous cherchons en vain à découvrir une seule racine ayant poussé des branches vigoureuses, un coin de terre fertile et saine : nous ne voyons par-tout que sable ou poussière, léthargie ou consomption. Un esprit qui se sent ici isolé, désespérément solitaire, ne se saurait choisir de meilleur symbole que le *Chevalier accompagné de la Mort et du Diable*, tel que nous l'a dessiné Dürer, le Chevalier cou-vert de son armure, à l'œil dur, au regard assuré, qui, seul avec son cheval et son chien, poursuit impassiblement son chemin d'épouvante, sans souci de ses horribles compagnons et pourtant sans espoir. Notre Schopenbauer fut ce Chevalier de Dürer : il lui manquait toute espérance, mais il voulait la vérité. Son pareil n'existe pas.

Mais comme se métamorphose tout à coup ce morne désert de notre culture épuisée, sous le charme de l'enchantement dionysien ! Un ouragan entraîne toutes ces choses mortes, pourries, disloquées, avortées, en un tourbillon de poussière écarlate, et, tel un vautour, les enlève dans les airs. Nos regards éblouis et déconcertés s'évertuent vainement à reconnaître alors ce qui vient de disparaître ; car ce qu'ils aperçoivent semble être sorti du tombeau pour remonter dans l'or de la lumière, superbe de fraîcheur et d'éclat, plein de vie, de passion et de désirs infinis. Au milieu de cette exubérance de vie, de souffrance et de joie, remplie d'une extase sublime, la tragédie écoute un chant lointain et mélancolique ; — il parle des causes génératrices de l'Être, qui s'appellent : Illusion, Volonté, Malheur. — Oui, mes amis, croyez avec moi à la vie dionysiaque et à la renaissance de la tragédie. Le temps de l'homme socratique est passé. Le thyrse à la main, couronnez-vous de lierre, et ne soyez pas étonnés si le tigre et la panthère viennent se coucher caressants à vos pieds. Osez maintenant être des hommes tragiques : car vous devez être délivrés. Il vous faut escorter le cortège dionysien de l'Inde à la Grèce ! Armez-vous pour de rudes combats, mais croyez aux miracles de votre dieu !

21.

Abandonnant le ton de l'exhortation pour celui qui convient au penseur, j'affirme de nouveau que seulement des Grecs il est possible d'apprendre la véritable signification d'un tel brusque et miraculeux réveil de la tragédie, à l'égard des principes vitaux les plus secrets de l'âme d'un peuple. C'est le peuple des Mystères tragiques qui livre les batailles persiques ; et, en revanche, le peuple qui a soutenu ces guerres a besoin du dictame salutaire de la tragédie. Justement chez ce peuple qui venait d'être si profondément secoué durant plusieurs générations par les convulsions du démon dionysiaque, qui eût pu croire encore à un épanouissement aussi régulier et aussi puissant de l'esprit politique le plus élémentaire, des plus naturels instincts nationaux, à un semblable débordement de la toute primitive et virile joie de combattre ? À chaque progrès marqué des impulsions dionysiaques, on a cependant toujours la sensation que cet affranchissement dionysien des entraves de l'individu se manifeste tout d'abord au préjudice des instincts politiques, en incitant à l'indifférence et même à l'hostilité à leur endroit, si certain qu'il soit, d'autre part, qu'Apollon, ordonnateur des états, est aussi le génie du principe d'individuation et que l'État et l'amour du foyer ne peuvent subsister sans l'assentiment de la personnalité individuelle. Pour sortir de l'état orgiastique, il n'y a pour un peuple qu'un chemin, celui du bouddhisme indien qui, pour être seulement supporté avec son aspiration passionnée vers le néant, exige ces rares conditions extatiques qui transportent au-delà de l'espace, du temps et de l'individu ; de même que celles-ci nécessitent à leur tour une philosophie qui enseigne à surmonter, à l'aide d'une représentation imaginaire, le dégoût des états intermédiaires. Non moins fatalement, par ailleurs, la prépondérance absolue des instincts politiques entraîne un peuple dans la voie de la sécularisation la plus extrême, dont la plus grandiose expression, mais aussi la plus effrayante, est l'*imperium romanum*.

Placés entre l'Inde et Rome et acculés à un choix dangereux, les Grecs ont réussi, avec une classique pureté, à inventer une troisième forme dont, certes, ils n'usèrent pas longtemps pour eux-mêmes, mais qui, précisément à cause de cela, est immortelle. Car si c'est une inflexible loi, applicable à toutes choses, que ce qui est aimé des dieux doit périr de bonne heure, il est également assuré que c'est pour vivre alors éternellement avec les dieux. Que l'on ne requière donc pas de la plus noble parmi toutes les choses qu'elle ait la durable solidité du cuir ; l'implacable ténacité, par exemple, qui fut le propre de l'instinct national romain, ne compte vraisemblablement pas au nombre des attributs indispensables de la perfection. Mais si nous voulons savoir quelle intervention tutélaire a permis aux Grecs de la grande époque, malgré l'extraordinaire énergie des déchaînements dionysiaques et des mouvements politiques, de ne pas s'annihiler dans l'extase d'une incubation morbide, ni de s'é-puiser par une dévorante avidité d'hégémonie et de gloire mondiales ; par quel secours il leur fut accordé d'obtenir cet admirable mélange, — tel un vin généreux qui tout à la fois réchauffe et induit à la contemplation, — il faut nous rappeler cette puissance inouïe, qui exalte et stimule la vie populaire, cette force purifiante et libératrice de la *tragédie*. Et nous ne pourrons pressentir la plus haute portée de cette tragédie que si nous reconnaissons en elle, à l'exemple des Grecs, la somme intégrale de tous les éléments salutaires et prophylactiques, la médiatrice souveraine et directrice des instincts les plus violents et, en soi, les plus né-fastes du peuple.

La tragédie absorbe en elle le délire orgiastique de la musique, portant ainsi du premier coup la musique à sa perfection, chez les Grecs comme parmi nous, mais elle y ajoute aussitôt le mythe tragique, et le héros tragique qui, pareil à un formidable Titan, prend sur ses épaules le fardeau du monde dionysien et nous en délivre. Tandis que, d'un autre côté, par ce mythe lui-même, elle sait montrer dans la personne du héros tragique l'affranchissement de l'âpre désir de vivre cette vie, et suggérer, d'un geste admoniteur[23], la pensée d'une autre existence et d'une joie plus élevée entrevues par le héros combattant, et auxquelles il se prépare, non par ses victoires, mais par sa défaite et sa ruine. Entre la portée universelle de sa musique et l'auditeur soumis à l'influence dionysiaque, la tragédie introduit un symbole sublime, le mythe ; et elle suscite chez celui là l'illusion que la musique ne soit qu'un admirable procédé, un inégalable moyen de donner la vie au monde plastique du mythe. Ce noble subterfuge permet alors à la musique d'assouplir ses allures aux rythmes des danses dithyrambiques, de s'abandonner impunément à un sentiment orgiastique de liberté auquel, en tant que musique en soi, il lui serait interdit d'oser se livrer avec une telle licence, sans la sauvegarde de cette illusion. Le mythe nous protège contre la musique, et lui seul, d'autre part, donne à celle-ci la suprême liberté. La musique, en retour, confère au mythe

---

[23] Qui avertit, avise, interpelle. (N.d.É.)

tragique une portée métaphysique si pénétrante et si décisive que, sans cet auxiliaire unique, la parole et l'image fussent demeurées à jamais impuissantes à l'atteindre. Et c'est tout spécialement par l'effet de la musique que le spectateur de la tragédie est envahi de ce sûr pressentiment d'une joie suprême, à laquelle aboutit ce chemin de ruine et de déception, de sorte qu'il croit entendre la voix la plus secrète des choses qui, du fond de l'abîme, lui parle intelligiblement.

Si, dans les dernières parties de cette démonstration difficile, je n'ai réussi à donner peut être qu'une expression provisoire de ma pensée, immédiatement accessible seulement à un petit nombre de mes lecteurs, j'en suis d'autant moins autorisé, juste en cet endroit, à renoncer d'entraîner avec moi mes amis dans une nouvelle tentative et de les prier de s'aider d'un exemple tiré de notre expérience commune, pour l'intelligence de la thèse générale. Cet exemple ne saurait concerner ceux qui ont besoin de l'auxiliaire des tableaux, des péripéties scéniques, des paroles et des passions des personnages de l'action, pour stimuler leur senti-ment musical : car ceux-là n'entendent pas la musique comme une langue maternelle, et, en dépit de ces expédients, ne dépassent pas le vestibule de la perception musicale, sans pouvoir pénétrer jamais jusqu'en ses sanctuaires les plus reculés ; nombre d'entre eux, comme Gervinus, n'arrivent pas ainsi même à ce vestibule. Je m'adresse unique-ment à ceux dont le contact avec la musique est immédiat, pour qui la musique est, en quelque sorte, le giron maternel, et dont le commerce avec les choses est presque exclusivement constitué d'in-conscients rapports musicaux. C'est à ces musiciens authentiques que je demande s'il leur est possible d'imaginer un être humain dont la réceptivité fût capable de supporter le troisième acte de *Tristan et Isolde* sans le secours de la parole et de l'image, comme une prodigieuse composition purement symphonique, à moins de suffoquer sous la tension convulsive de toutes les fibres de l'âme ? Un homme ayant, comme ici, appliqué son oreille en quelque sorte au ventricule cardiaque de la Volonté du monde, et senti le frénétique désir de vivre déborder et se répandre dans toutes les artères du monde avec le fracas d'un torrent ou le murmure d'un ruisseau aux plus délicats méandres, l'âme de cet homme pourrait ne pas se briser subitement ? Sous l'enveloppe fragile comme verre et misérable de l'individu humain, il lui serait possible de percevoir l'écho d'innombrables cris de joie et de douleur s'élevant de « l'immensité de la nuit des mondes », sans obéir irrésistiblement à cet « appel de berger » de la métaphysique, et se réfugier dans son bercail primordial, à son foyer originel ? Mais si, dans son intégralité, on peut cependant supporter l'impression d'une telle œuvre sans renier l'existence individuelle, si une semblable création a pu être édifiée sans écraser son créateur, — où trouverons-nous la solution d'un problème aussi contradictoire ?

Entre cette musique et notre plus haut émoi musical, s'interposent ici le mythe tragique et le héros tragique, et, au fond, seulement en tant que symboles des données les plus universelles, des phénomènes les plus généraux que seule la musique peut directement exprimer. Mais, comme symbole, le mythe resterait absolument inefficace et inaperçu à nos côtés, à aucun moment il ne pourrait nous détourner de prêter l'oreille aux résonances de l'*universalia ante rem,* si notre sensibilité demeurait sous la pure influence dionysienne. C'est alors que se manifeste la force *apollinienne,* ressuscitant, à l'aide du baume salutaire d'une bienheureuse illusion, l'individu presque anéanti. Nous croyons soudain ne plus voir que Tristan lui-même lors-qu'il gît là sans mouvement et demande d'une voix étouffée : « Le vieil air ! que m'éveille-t-il ? » Et ce qui tout à l'heure nous semblait un sourd gémissement jailli des profondeurs de l'Être, cela signifie pour nous maintenant : « Nue et vide est la mer ! » Et où nous imaginions défaillir haletants, sous la détente convulsive de toutes nos facultés affectives et ne tenir plus que par un fil à cette existence, nous ne voyons à présent que le héros blessé à mort, et pourtant vivant encore, et nous n'entendons que son cri de désespoir : « Désir ! Désir ! Désirer, lors que je meurs, ne pas mourir de désir ! » Et quand après une telle profusion et une telle outrance de dévorantes tortures, la joie frénétique du cor, presque comme la plus atroce de toutes ces tortures, nous fait éclater le cœur, alors, entre nous et cette « allégresse en soi », se dresse Kurwenal ivre de bonheur, criant vers le vaisseau qui porte Isolde. Si puissamment que la pitié nous pénètre, cependant, en un certain sens, cette pitié nous délivre de la souffrance originelle du monde, de même que le tableau symbolique du mythe nous sauve de la perception immédiate de l'Idée suprême du monde, comme la pensée et la parole nous préservent du débordement désordonné de l'inconsciente Volonté. Grâce à cette admirable illusion apollinienne, nous croyons voir le monde des sons s'avancer vers nous sous la forme d'un monde plastique et il nous semble désormais qu'en lui, comme en la matière la plus délicate et la plus expressive, ait été modelée et sculptée la seule aventure de Tristan et d'Isolde.

C'est ainsi que l'esprit apollinien nous arrache à l'universalité de l'état dionysiaque et nous enthousiasme pour les individus ; il retient sur eux et captive notre pitié, il assouvit par eux notre instinct de beauté, avide de formes grandioses et sublimes ; il fait passer devant nos yeux des tableaux de vie et incite notre pensée à en saisir le sens plus profond, à pénétrer jusqu'au principe vital que recouvrent ces symboles. Par la puissance inouïe de l'image, de l'idée, de l'enseignement éthique, de l'émotion apitoyée, l'esprit apollinien arrache l'homme à l'orgiastique anéantissement de soi-même, et, en dépit du caractère universel des contingences dionysiennes, l'entraîne à se figurer qu'il voit un tableau isolé du monde réel, par exemple Tristan et Isolde, et que *le rôle de la musique* est ici simplement de le lui faire mieux *voir* et discerner plus profondément. Quelle n'est pas la force de l'enchantement tutélaire d'Apollon s'il est capable de susciter en nous jusqu'à cette illusion, que l'élément dionysiaque, au service de l'art apollinien, soit véritablement apte à en exalter les effets et qu'enfin la musique soit même essentiellement l'art représentatif d'un sujet apollinien ?

Par cette harmonie préétablie qui règne entre le drame parfait et sa musique, le drame atteint à un degré de perspicuïté [24], inaccessible par ail-leurs au drame parlé. Alors que les figures animées de la scène se simplifient devant nous, dans les mouvements indépendants des lignes mélodiques, pour la plus grande netteté de la ligne prépondérante, le mélange combiné de ces lignes nous fait entendre une succession d'harmonies qui traduit, avec la plus délicate fidélité, les péripéties de l'action. Par cette polyphonie, les rapports des choses nous deviennent immédiatement perceptibles, et cela non pas d'une façon abstraite, mais d'une manière matériellement sensible, de même que nous reconnaissons aussi par elle que seulement dans ces rapports peut se manifester dans toute sa pureté la nature essentielle et intime d'un caractère et d'une ligne mélodique. Et pendant que la musique nous force ainsi à voir mieux et plus profondément, et à étendre devant nous le voile de l'action comme un fin tissu de gaze, le monde de la scène est, pour notre œil spiritualisé, pénétrant jusqu'au dedans des choses, aussi infiniment agrandi qu'illuminé par une flamme intérieure. Que pourrait nous offrir d'analogue le poète littéraire qui, à l'aide d'un mécanisme moins parfait de beaucoup, par une voie indirecte, en partant de la parole et de l'idée, s'épuise à atteindre à cet épanouissement en profondeur et à ce rayonnement interne du monde perceptible de la scène ? Et si, à la vérité, la tragédie musicale s'adjoint également la parole, elle peut en même temps aussi montrer juxtaposées la cause fondamentale occulte et l'occasion génératrice de la parole et, par le rayonnement d'une lumière intérieure, rendre pour nous intelligible l'apparition de la parole et son développement futur.

Mais on pourrait pourtant tout aussi bien définir le processus que nous venons de décrire uniquement comme une admirable apparence, à savoir cette *illusion* apollinienne qui nous délivre de l'oppression et de la pléthore dionysiaque. Au fond, le rapport de la musique au drame est juste le contraire : la musique est la véritable « Idée » du monde, le drame n'est qu'un reflet, une ombre concrétée de cette Idée. Cette identité entre la ligne mélodique et la figure vivante, entre l'harmonie et les affinités caractéristiques de cette figure, est vraie dans un sens opposé à celui qui pourrait nous paraître exact au spectacle de la tragédie musicale. Nous pouvons bien rendre palpables, perceptibles à nos sens de la façon la plus évidente le mouvement, la vie, le rayonnement centrifuge de cette figure, elle reste toujours uniquement l'apparence qu'aucun pont ne relie à la véritable réalité pour nous conduire jusqu'au cœur du monde. C'est du fond de ce cœur que parle la musique ; et d'innombrables apparences de ce genre pourraient être successivement le prétexte de la même musique, sans parvenir à en épuiser jamais la substance ; elles n'en seraient jamais que les figurations extériorisées. L'antithèse populaire

---

[24] Clarté. (N.d.É.)

et totalement fausse de l'âme et du corps ne saurait certes éclaircir en rien le problème complexe des rapports de la musique et du drame, et est, au contraire, propre à tout embrouiller ; mais la grossièreté antiphilosophique de cette antithèse paraît être devenue, on ne sait trop pourquoi, un article de foi confessé volontiers par nos esthéticiens, tandis qu'ils n'ont rien appris, ou, pour des motifs pareillement ignorés, n'ont rien voulu apprendre, d'une opposition de l'apparence et de la chose en soi.

Si l'on devait conclure de notre analyse que, dans la tragédie, l'esprit apollinien a remporté au moyen de son illusion une victoire complète sur l'élément dionysiaque primordial de la musique, et a transformé celle-ci en un instrument utilisable à ses desseins, dont l'objectif est la suprême clarté du drame, — il y aurait certes à faire ici une très importante réserve. Sur le point le plus essentiel, cette illusion apollinienne est rompue et anéantie. Le drame qui, à l'aide de la musique, se déroule devant nous avec une clarté si pénétrante, une telle illumination intérieure de tous les gestes et de toutes les figures qu'il nous semble voir, sous la brusque bascule des oscillations alternées, la tapisserie naître au métier du tisseur, — ce drame, en tant que tout intégral, arrive à produire un effet qui est en dehors et *au delà de tous les effets artistiques apolliniens*. Dans l'effet d'ensemble de la tragédie, l'élément dionysien reconquiert la prépondérance ; elle se termine par un accord dont l'harmonie n'eût jamais pu s'élever de la sphère de l'art apollinien. Et ainsi se révèle la vraie nature de l'illusion apollinienne dont le but est de voiler sans cesse, pendant la durée de la tragédie, l'authentique action dionysiaque. Mais celle-ci est cependant assez puissante pour pousser à la fin le drame apollinien lui-même dans une sphère où il commence à parler le langage de la sagesse dionysienne, et où il renie et soi-même, et son évidence apollinienne. Le rapport complexe de l'esprit apollinien et de l'instinct dionysiaque dans la tragédie devrait ainsi, en réalité, être symbolisé par une alliance fraternelle de ces deux divinités. Dionysos parle la langue d'Apollon, mais Apollon parle finalement le langage de Dionysos : et par là est atteint le but suprême de la tragédie et de l'art.

22.

Que le lecteur qui m'a suivi jusqu'ici avec une attention bienveillante veuille bien évoquer devant soi, d'après sa propre expérience, l'effet intégral et pur de tout mélange d'une véritable tragédie musicale. Je pense avoir décrit les deux aspects de ce phénomène de manière qu'il puisse à présent s'expliquer les impressions qu'il a ressenties. Il se souviendra, en effet, qu'au spectacle du mythe représenté devant lui, il se sentait grandi jusqu'à une sorte d'omniscience, comme si ses regards ne possédaient plus alors une faculté de vision simplement superficielle, mais avaient aussi le pouvoir de pénétrer au plus profond des choses, comme si les effervescences de la volonté, la lutte des motifs, le torrent débordant des passions, lui étaient devenus, pour ainsi dire, matériellement perceptibles, visibles en une abondance de lignes et de figures mobiles et vivantes, et qu'il lui fût possible ainsi de savourer la plus mystérieuse subtilité d'émotions inéprouvées. En même temps qu'il prend conscience de l'incomparable exaltation de ses instincts de clarté et de transfiguration, il a cependant l'impression non moins précise que cette longue suite d'effets artistiques apolliniens *ne* donne *pas* naissance à cette bienheureuse et immuable absorption dans la contemplation dénuée de volonté que produisent chez lui les créations de l'artiste plastique et du poète épique, ces artistes propre-ment apolliniens : c'est-à-dire le sentiment d'atteindre dans cette contemplation à la justification du monde de l'individuation, en tant que celui-ci est le but et la substance de l'art apollinien. Il contemple le monde transfiguré de la scène, et cependant il le nie. Le héros tragique lui apparaît avec une netteté et une beauté épiques, et cependant il se réjouit de son anéantissement. Il conçoit jusqu'au sens le plus profond de l'action scénique et prend plaisir à se réfugier dans l'inconcevable. Les actes du héros sont pour lui justifiés, et cependant il est exalté plus encore lorsque ces actes anéantissent leur auteur. Il frissonne à la pensée des malheurs qui frapperont le héros et il en pressent pourtant une joie plus haute et infiniment plus puissante. Il contemple mieux et plus profondément que jamais et cependant il souhaite d'être aveuglé. Où devrons-nous chercher la cause de ce désaccord intime, de cet avortement de l'effort apollinien, sinon dans l'enchantement *dionysien* qui, portant en apparence à leur apogée les émotions apolliniennes, est cependant assez puissant pour asservir à son usage ce débordement de la force apollinienne. On ne doit comprendre *le mythe tragique* que comme une représentation symbolique de la sagesse dionysienne à l'aide de moyens artistiques apolliniens ; il conduit le monde de l'apparence jusqu'aux limi-tes où celui-ci se nie soi-même et veut retourner se réfugier au sein de la véritable et unique réalité, où il semble alors entonner, avec Isolde, son métaphysique chant du cygne :

> Dans le flot houleux
> de l'océan des béatitudes,
> dans l'harmonie sonore
> des ondes de vapeurs embaumées
> dans la tourmente infinie
> du souffle du monde —
> s'engloutir — s'abîmer —
> inconscient — joie suprême !

C'est ainsi que, d'après les impressions de l'auditeur vraiment esthétique, nous nous représentons l'artiste tragique lui-même créant ses figures ainsi qu'un exubérant démiurge de l'individuation, — auquel sens son œuvre pourrait à peine être considérée comme une « imitation de la nature », — et que nous voyons ensuite la force inouïe de son instinct dionysiaque anéantir tout ce monde des apparences, pour annoncer au delà et par l'anéantissement de ce monde une primordiale et suprême joie artistique au sein de l'Un-primordial. Certes, nos esthéticiens ne savent rien nous dire de ce retour au foyer originel, de l'alliance fraternelle des deux divinités artistiques dans la tragédie, rien non plus de l'émotion aussi apollinienne que dionysienne de l'auditeur, tandis qu'ils ne se lassent pas de caractériser, comme étant le tragique proprement dit, la lutte du héros contre la destinée, la victoire de la loi morale universelle, ou bien une effusion tutélaire des facultés affectives, déterminée par la tragédie. Une telle persévérance m'induit à penser que ces exégètes étaient peut-être des créatures inaptes à l'émotion esthétique et ne prenant part au spectacle de la tragédie qu'en qualité d'entités morales. Jamais encore, depuis Aristote, on n'a donné de l'effet produit par le tragique, une explication qui suppose un état d'âme artistique, une participation esthétique des auditeurs. Tantôt les péripéties les plus sombres doivent exciter notre pitié et notre terreur jusqu'à provoquer une explosion bienfaisante ; tantôt nous devons nous sentir grandis et transportés par la victoire de bons et nobles principes, par la vue du héros sacrifié aux exigences d'une conception morale du monde ; et s'il est absolument certain pour moi qu'à l'égard d'un grand nombre de personnes c'est précisément cela, et seulement cela, qui constitue l'effet de la tragédie, il en résulte avec une égale évidence que tous ces gens, ainsi que leurs esthéticiens interprétateurs, n'ont rien connu de la tragédie en tant qu'*art* suprême. Ce soulagement pathologique, la catharsis d'Aristote, au sujet de laquelle les philologues ne savent pas au juste si elle doit être classée parmi les phénomènes médicaux ou les phénomènes moraux, rappelle une remarquable intuition de Gœthe. « Sans ressentir un vif intérêt pathologique, dit-il, je n'ai jamais pu arriver à traiter une situation tragique quelconque ; aussi les ai-je plutôt évitées que recherchées. Ne serait-ce pas vrai-ment l'un des mérites des anciens que, chez eux, le plus haut pathétique n'ait été en même temps qu'un jeu esthétique, alors que, pour nous, la vérité naturelle doit intervenir afin de produire un semblable résultat ? » Il nous est permis désormais de ré-pondre affirmativement à cette question si profonde après les merveilleuses expériences que nous avons réalisées, après avoir éprouvé tout à l'heure avec stupéfaction dans la tragédie musicale comment, en réalité, le plus haut pathétique peut cependant n'être qu'un jeu esthétique ; ce qui nous donne le droit de penser que, seulement à présent, on peut essayer de décrire le phénomène primordial du tragique avec quelque chance de succès. Quant à celui qui, maintenant encore, ne sait parler que de ces effets vicariants émanés de sphères extra-esthétiques, et qui ne se sent pas émancipé de la routine du processus pathologico-moral, il lui faut désespérer de connaître jamais la nature esthétique de ce phénomène. Comme compensation inoffensive, nous lui recommandons l'interprétation de Shakespeare à la manière de Gervinus et la découverte laborieuse de « la justice poétique ».

C'est ainsi que la renaissance de la tragédie fait renaître aussi *l'auditeur esthétique,* auquel s'était substitué jusque-là, dans les salles de théâtre, un étrange quiproquo, aux prétentions mi-morales et mi-savantes, le « critique ». Dans la sphère où celui-ci avait vécu jusqu'alors, tout était artificiel et fardé seulement d'une apparence de vie. L'artiste exécutant ne savait vraiment plus, en effet, comment s'y prendre avec un semblable auditeur aux allures de critique, et il lui fallait épier anxieusement, en compagnie de son inspirateur le dramaturge ou le compositeur d'opéra, les derniers restes de vie dans cette entité prétentieuse, vide et incapable de sentir. Cependant, jusqu'ici, c'était de « critiques » de cette espèce qu'était constitué le public ; l'étudiant, l'écolier, voire la créature la plus simple, la femme la plus ingénue, étaient préparés à leur insu, par l'éducation et les journaux, à recevoir d'une œuvre d'art une impression identique. Les plus nobles esprits parmi les artistes escomptaient, auprès d'un tel public, l'excitation des facultés morales et religieuses, et l'évocation vicariante de la « loi morale universelle » intervenait à l'endroit précis où le spectateur devait être fasciné par un effet artistique d'une puissance irrésistible. Ou bien quelque mouvement grandiose, tout au moins troublant, de la vie politique ou sociale contemporaine, était représenté par le dramaturge avec une intention si visible que l'auditeur en pouvait secouer sa torpeur critique et s'abandonner aux sensations qu'il eût éprouvées à des époques d'enthousiasme patriotique ou belliqueux, ou devant la tribune du parle-ment, ou encore à la condamnation du crime et de l'infamie ; de sorte que cette méconnaissance des fins propres de l'art dut çà et là fatalement aboutir tout droit à un culte de la tendance dans l'art. Mais alors il se produisit un phénomène que l'on eut à constater de tout temps dans les arts factices : un abâtardissement, une usure rapide de ces tendances ; au point que, par exemple, la tendance de faire du théâtre un instrument d'éducation morale du peuple, qui, du temps de Schiller, était prise au sérieux, est classée désormais parmi les antiquités invraisemblables d'une culture abolie. Tandis que le critique régnait au théâtre et au concert, le journaliste à l'école, la presse dans la société, l'art dégénérait à n'être plus qu'un divertissement de la plus basse espèce et la critique esthétique était devenue un moyen de retenir l'attention d'une société vaine, dissipée, égoïste et, par-dessus tout, misérablement vulgaire, dont l'état d'esprit est donné à comprendre par Schopenhauer dans sa parabole du porc-épic ; si bien qu'à aucune époque on ne bavarda autant sur l'art tout en en faisant aussi peu de cas. Mais est-il possible d'avoir encore des relations avec un homme en état de parler de Beethoven et de Shakespeare ? Chacun pourra répondre à cette question selon son senti-ment : il fera voir, en tout cas, par sa réponse, ce qu'il entend sous le nom de « culture », en supposant toutefois qu'il essaie de répondre à cette inter-rogation et n'en reste pas tout d'abord stupéfait à perdre la parole.

En revanche maint esprit doué par la nature de facultés plus nobles et plus délicates, quoique de-venu peu à peu, de la manière que j'ai dite, un cri-tique barbare, pourrait avoir quelque chose à dire de l'effet aussi inattendu qu'incompréhensible ressenti, par exemple, à une belle représentation de *Lohengrin*. Seulement peut-être était-il dépourvu de tout guide pour l'avertir et l'éclairer, de sorte que cette impression prodigieusement hétérogène et pourtant incomparable, dont il reçut alors la commotion, demeura isolée et, comme un mystérieux météore, s'éteignit après un éclat passager. Ce jour-là, il lui fut donné de pressentir ce qu'est l'auditeur esthétique.

23.

Celui qui veut connaître bien exactement de soi-même, à quel degré il est allié aux véritables auditeurs esthétiques ou s'il appartient à la communauté des esprits socratiques-critiques, n'a qu'à se demander sincèrement quel état d'âme est le sien au contact du *miracle* représenté sur la scène ; s'il lui semble que soient alors froissés son sens historique, sa raison en quête d'un rigoureuse et psychologique causalité ; si, par une indulgente con-cession, il admet le miracle à peu près comme un phénomène approprié à l'intelligence de l'enfance et auquel il demeure étranger et indifférent ; ou bien s'il éprouve ici quelque autre chose. C'est à cela, en effet, qu'il pourra mesurer jusqu'à quel point il est capable de comprendre le *mythe,* cette image du monde en raccourci qui, en tant qu'abréviation de l'apparence, ne peut se passer du miracle. Toutefois, il est probable qu'à un examen rigoureux chacun, ou presque, se sent assez dédoublé par l'esprit d'analyse critique et historique de notre culture pour arriver, quasiment avec l'aide de l'érudition, par l'intermédiaire d'abstractions, à accepter la vraisemblance d'une existence réelle du mythe en quelque moment du passé. Mais, sans le mythe, toute culture est dépossédée de sa force naturelle, saine et créatrice ; seul un horizon constellé de mythes parachève l'unité d'une époque entière de culture. Le seul mythe peut préserver de l'incohérence d'une activité sans but les facultés de l'imagination et les vertus du rêve apollinien. Les images du mythe doivent être les esprits tutélaires invisibles et omniprésents, propices au développement de l'âme adolescente, et dont les signes annoncent et expliquent à l'homme fait sa vie et ses combats ; et l'État lui-même ne connaît pas de loi non écrite plus puissante que le fondement mythique qui atteste sa connexité avec la religion et ses origines dans le mythe.

Que l'on considère à présent l'homme abstrait, privé de la lumière du mythe, l'éducation abstraite, la morale abstraite, le droit abstrait, l'État abstrait ; qu'on se représente le déchaînement confus de l'imagination artistique non maîtrisée par l'ascendant d'un mythe familier ; qu'on imagine une culture n'ayant pas de foyer originel fixe et sacré, mais condamnée, au contraire, à épuiser toutes les possibilités et à se nourrir péniblement de toutes les cultures, — c'est là le présent ; c'est le résultat de cet esprit socratique qui s'est voué à la destruction du mythe. Et, au milieu de tous les restes du passé, l'homme dépourvu de mythes demeure éternellement affamé, creusant et fouillant pour trouver quelques racines, lui fallût-il les dé-couvrir en bouleversant les antiquités les plus lointaines. Que signifie ce monstrueux besoin historique de l'inquiète culture moderne, cette compilation d'autres innombrables cultures, ce désir dévorant de connaître, sinon la disparition du mythe, la perte de la patrie mythique, du giron maternel mythique ? Que l'on dise si les contorsions sinistres et fébriles de cette culture sont autre chose que le geste avide de l'affamé se jetant sur de la nourriture, — et qui voudrait apporter encore quelque chose à une telle culture, irrassasiable quoi qu'elle absorbe, et transformant dès qu'elle y touche les aliments les plus substantiels et les plus salutaires en « Histoire et Critique » ?

Il faudrait cruellement désespérer de notre âme allemande si le génie de notre peuple était désormais aussi indissolublement inféodé à sa culture, aussi identifié à elle que nous pouvons l'observer avec horreur dans la civilisation française ; et ce qui fut longtemps le grand privilège de la France et la cause de son extraordinaire ascendant, justement cette identification du peuple et de la culture pourrait nous forcer, au spectacle de ses conséquences, à estimer comme un bienfait que cette culture si sujette à caution, qui est la nôtre, n'ait jusqu'à présent rien de commun avec le noble fonds de notre caractère national. Tout notre plus ardent espoir est bien plutôt de reconnaître que, sous l'in-quiétude et le désarroi de notre vie civilisée, sous les convulsions de notre culture, une force primordiale est cachée, superbe, foncièrement saine, qui, certes, ne se manifeste puissamment qu'à des moments exceptionnels, pour s'assoupir ensuite et rêver encore d'un réveil futur. De cet abîme est sortie la Réforme allemande et dans ses chorals résonna pour la première fois la mélodie de l'avenir de la musique allemande. Profond, plein d'ardeur et de vie, débordant de bonté et d'infinie délicatesse, le Choral de Luther retentit comme le premier appel dionysiaque traversant un épais taillis, aux approches du printemps. En un écho émulateur lui répondit l'orgueilleux et prédestiné cortège des rêveurs dionysiens auxquels nous sommes redevables de la musique allemande, — et à qui nous devrons *la renaissance du mythe allemand !*

Je le sais, c'est vers un haut sommet de méditation solitaire, jusqu'où peu seulement le suivront, qu'il me faut à présent entraîner le lecteur qui m'accompagne avec sympathie ; qu'il ne perde pas courage et sache que, pour cette ascension, nous serons soutenus par nos guides radieux, les Grecs. Nous leur avons emprunté jusqu'ici, au profit de nos idées esthétiques, ces deux figures divines qui gouvernent chacune un domaine particulier de l'art, et la tragédie grecque nous a amenés à pressentir les effets de leur rencontre et de leur stimulation réciproque. Le déclin de la tragédie grecque nous apparut comme la suite fatale d'une remarquable disjonction de ces deux instincts artistiques primordiaux. À cet état de choses correspondait une dégénération et une métamorphose du caractère national grec, qui nous obligea à de graves réflexions en nous montrant combien l'art et le peuple, le mythe et les mœurs, la tragédie et l'État, sont liés de toute nécessité et étroitement entremêlés dans leurs fondements. La mort de la tragédie fut aussi la fin du mythe. Jusqu'alors les Grecs étaient involontairement amenés, contraints, à rattacher à leurs mythes tous les événements de leur existence et même à ne concevoir la vie qu'à l'aide de ces rapports, par quoi le présent le plus immédiat devait se présenter aussitôt à eux *sub specie æterni* et, en un certain sens, en dehors du temps. Mais, à ce torrent de l'extemporané[25], aussi bien l'État que l'art s'abreuvait d'illusion, pour y trouver le repos des soucis et des passions de l'instant. Et la valeur d'un peuple, — comme d'ailleurs aussi celle d'un homme, — se mesure précisément à cette seule faculté de pouvoir marquer du sceau de l'éternité les événements de son existence ; car il est ainsi, en quelque sorte, désécularisé et manifeste sa conviction profonde et inconsciente de la relativité du temps et du sens véritable, c'est-à-dire métaphysique, de la vie. Lorsqu'au contraire un peuple commence à se concevoir soi-même historiquement et à renverser autour de soi les remparts mythiques, on constate en même temps d'ordinaire une sécularisation décidée, une rupture avec l'inconsciente métaphysique de son existence antérieure et toutes les conséquences éthiques qui s'ensuivent. C'est avant tout l'art grec, en particulier la tragédie grecque, qui retarda la disparition du mythe. Il fallut les exterminer ensemble pour pouvoir vivre, sans foyer et sans frein, dans le désert de la pensée, de l'usage et du fait. Et même alors cet instinct métaphysique essaie encore de se créer une expression transfigurée, quoique affaiblie, dans le socratisme scientifique incitant à la vie. Mais, dans les classes inférieures, ce même instinct aboutit seulement à une recherche fiévreuse, qui s'égara peu à peu dans un pandémonium de mythes et de superstitions amoncelés de toutes provenances, au milieu desquels l'Hellène demeura l'âme inquiète et mécontente, jusqu'à ce que, désormais *græculus,* il fut arrivé à savoir dissimuler cette fièvre sous un masque d'insouciance et de sérénité grecques, ou à s'abrutir tout à fait dans quelque morne idolâtrie orientale.

Depuis la résurrection de l'antiquité alexandrino-romaine, au quinzième siècle, après un long en-tracte malaisément descriptible, nous nous sommes rapprochés de cet état d'esprit de la manière la plus extravagante. En haut, le même exubérant désir de savoir, le même insatiable bonheur de dé-couvrir quelque chose, l'identique monstrueuse sécularisation ; à côté, on erre à l'aventure comme un vagabond sans patrie, on se presse avidement à des tables étrangères ; c'est une frivole apothéose de l'actualité ou une indifférence aveugle et blasée ; tout *sub specie sæculi,* du « présent » ; et ces semblables symptômes nous font deviner un vide semblable au cœur de cette culture ; ils nous indiquent l'anéantissement du mythe. Il semble qu'il soit presque impossible de greffer un mythe étranger avec un succès durable sans qu'il en

---

[25] En dehors du temps. (N.d.É.)

résulte un irrémédiable dommage pour l'arbre inoculé. Celui-ci est quelque-fois peut-être assez vigoureux et sain pour expulser cet élément étranger au prix de terribles efforts, mais il lui faut le plus souvent dépérir étiolé misérablement ou épuisé par une croissance hâtive et morbide. Notre confiance est assez haute dans la pure et forte essence intime de l'âme allemande pour oser attendre d'elle cette expulsion d'éléments étrangers implantés par violence, et admettre que l'esprit allemand puisse reprendre conscience de soi-même. Quelques-uns penseront peut-être que cet esprit doive entreprendre la lutte en éliminant tout d'abord l'élément latin ; ils pourraient reconnaître dans la bravoure victorieuse et la gloire sanglante de la dernière guerre une exhortation et un stimulant extérieurs à procéder à cette élimination ; mais il leur en faudra ressentir la profonde et intrinsèque nécessité par la pensée émulatrice de rester toujours dignes de leurs nobles précurseurs dans ces combats, de Luther aussi bien que de nos grands artistes et poètes. Mais qu'ils ne croient jamais pouvoir livrer de tels combats sans les dieux du foyer, sans la patrie mythique, sans une « restitution » de toutes choses allemandes ! Et si l'Allemand hésitant devait chercher autour de soi un guide, pour le ramener dans sa patrie depuis longtemps perdue, et dont il ne connaît plus qu'à peine les chemins et les sentiers, — qu'il écoute le joyeux appel de l'oiseau dionysiaque, qui voltige au-dessus de sa tête et veut lui montrer son chemin.

24.

Parmi les effets artistiques propres à la tragédie musicale, nous avons eu à relever une *illusion* apollinienne, qui a pour but de nous sauver d'une identification immédiate avec la musique dionysiaque, pendant que notre émotion musicale peut librement s'assouvir dans un domaine apollinien et au spectacle interposé d'un monde intermédiaire visible. En même temps nous avons cru remarquer combien cette émotion musicale même nous faisait comprendre et pénétrer profondément le monde intermédiaire de l'action scénique, le drame, et cela à un degré inaccessible pour tout autre art apollinien. Et il nous fallut alors reconnaître ici, où l'esprit de la musique donne, en quelque sorte, des ailes à l'art apollinien et l'emporte dans son essor, l'apogée de la puissance de cet art, et, dans cette alliance fraternelle d'Apollon et de Dionysos, l'aboutissement suprême des fins artistiques tant apolliniennes que dionysiennes.

Certes, à l'aide de cette clarté intérieure même, due à la musique, l'image lumineuse apollinienne n'arrivait pas à produire l'effet caractéristique de manifestations moindres de l'art apollinien. Ce que peuvent l'épopée ou [la sculpture][26], — forcer le regard contemplatif à une quiétude extatique en face

---

[26] Les t. donnaient: «le marbre animé». (N.d.É.)

du monde de l'individuation, — il lui fut impossible de l'atteindre, en dépit d'une vie et d'une netteté supérieures. Nous pûmes contempler le drame et pénétrer d'un œil clairvoyant jusqu'au dedans du monde agité de ses motifs, — et cependant il nous semblait ne voir se dérouler devant nous qu'un tableau symbolique, dont nous croyions presque deviner le sens le plus profond, et que nous souhaitions écarter comme un rideau, pour apercevoir au-delà l'image originelle, le spectacle primordial. L'absolue clarté du tableau ne nous suffisait pas ; car celui-ci paraissait aussi bien dissimuler que révéler quelque chose ; et tandis que, par sa révélation symbolique, il semblait provoquer à déchirer le voile, à démasquer l'au-delà mystérieux cette lumineuse et intégrale évidence retenait ce-pendant le regard fasciné, et le protégeait d'une vision plus profonde.

Celui qui n'a pas éprouvé cette sensation de devoir à la fois contempler quelque chose et aspirer au-delà de cette contemplation, se représentera difficilement combien, en présence du mythe tragique, ces deux processus coexistent clairement et distinctement et sont simultanément ressentis ; mais les spectateurs véritablement esthétiques attesteront avec moi que, parmi les effets propres à la tragédie, cette superposition d'impressions est le plus merveilleux. Que l'on transpose maintenant ce phénomène du spectateur esthétique en une opération analogue de l'esprit chez l'artiste tragique, et l'on aura compris la genèse du *mythe tragique*. Il partage avec la sphère artistique apollinienne la pleine joie à l'apparence et à la contemplation, et, en même temps, il nie cette joie et trouve une satisfaction plus haute encore à l'anéantissement du monde perceptible de l'apparence. Le contenu du mythe tragique est tout d'abord un événement épique avec la glorification du héros combattant. Mais d'où provient alors cette impulsion, en soi énigmatique, qui fait que le malheur dans la destinée du héros, les victoires douloureuses, la torture des motifs contradictoires, bref le résumé de la sagesse de Silène ou, exprimé esthétiquement, l'horrible et le monstrueux, soient représentés avec une telle prédilection, toujours de nouveau, sous d'innombrables aspects, et juste au moment le plus juvénile et le plus exubérant de la vie d'un peuple, si de tout ce spectacle même ne résulte pas une joie plus haute ?

Car, que cela se passe en réalité aussi tragique-ment dans la vie, c'est ce qui serait le moins idoine à expliquer l'avènement d'une forme artistique, si l'art n'est pas seulement une imitation de la réalité naturelle, mais bien un supplément métaphysique de la réalité naturelle, juxtaposé à elle pour aider à la surmonter. Le mythe tragique, en tant que partie intégrante de l'art, s'emploie pleinement aussi à sus-citer cette transfiguration qui est le but métaphysique de l'art en général. Mais, que transfigure-t-il en exposant à nos yeux le monde de l'apparence sous la forme du héros malheureux ? Rien moins que la « réalité » de ce monde de l'apparence, puisqu'il nous dit justement : « Voyez ! Regardez bien ! Voilà votre vie ! Voilà l'aiguille qui marque les heures à l'horloge de votre existence ! »

Et c'est afin de la transfigurer devant nous que le mythe montrerait cette vie ? Et si cela n'est pas, en quoi consiste alors la joie esthétique que nous procure aussi le spectacle de ces tableaux ? Je parle de la joie esthétique et je sais fort bien qu'un grand nombre de ces scènes peuvent produire en outre une délectation morale, soit sous la forme de la pitié ou par le triomphe d'une loi sociale. Mais si l'on voulait faire dériver l'effet du tragique de ces seules causes morales, comme c'est d'ailleurs depuis trop longtemps l'usage en esthétique, qu'on ne se figure pas avoir fait ainsi quelque chose pour l'art ; car dans son domaine l'art doit exiger avant tout la pureté. La première et indispensable condition de l'intelligence du mythe tragique est de rechercher la joie spéciale qui lui est propre dans la seule sphère purement esthétique, sans le secours de la pitié, de la terreur, de la noblesse morale. Comment l'horrible et le monstrueux, matière du mythe tragique, peuvent-ils susciter une joie esthétique ?

Ici, il est nécessaire de nous élever résolument jus-qu'à une conception métaphysique de l'art, et de nous rappeler cette proposition précédemment avancée que le monde et l'existence ne peuvent paraître justifiés qu'en tant que phénomène esthétique ; auquel sens le mythe tragique a précisément pour objet de nous convaincre que même l'horrible et le monstrueux ne sont qu'un jeu esthétique, joué avec soi-même par la Volonté dans la plénitude éternelle de son allégresse. Ce phénomène primordial et difficile à concevoir de l'art dionysien acquiert directement une rare évidence et est immédiatement perçu dans les merveilleuses propriétés de la *dissonance musicale* ; comme aussi d'ailleurs, la musique, juxtaposée au monde, est seule capable de donner l'idée de ce qu'il faut entendre par justification du monde en tant que phénomène esthétique. La joie suscitée par le mythe tragique et la jouissance que procure la dissonance dans la musique ont une origine identique. L'instinct dionysiaque, avec sa joie primordiale en face même de la douleur, est la commune matrice d'où naquirent la musique et le mythe tragique.

Grâce au truchement musical de la dissonance que nous avons appelée à notre aide, le problème complexe de l'effet tragique n'est-il pas notable-ment éclairci ? Nous comprenons donc enfin ce que cela veut dire, pour la tragédie, de vouloir contempler et en même temps d'aspirer au delà de cette contemplation ; ce qu'il nous faudrait caractériser, à l'égard de l'emploi artistique de la dissonance en disant que nous voulons entendre et qu'en même temps nous aspirons au-delà de ce que nous entendons. Cette aspiration vers l'infini, ce coup d'aile du désir, au moment où nous ressentons la plus haute joie de la claire perception de la réalité, nous rappellent que, dans ces deux états, nous devons reconnaître un phénomène dionysien qui, toujours et sans cesse, nous révèle l'assouvissement d'une joie primordiale, dans le jeu de créer et de détruire le monde individuel ; à peu près comme Héraclite le Ténébreux comparait la force créatrice de l'univers au jeu d'un enfant qui s'amuse à poser des pierres çà et là, à faire des tas de sable et à les renverser.

Pour apprécier exactement la faculté dionysiaque d'un peuple, il ne faut donc pas penser seulement à sa musique, mais il n'est pas moins indispensable de tenir compte du mythe tragique de ce peuple, comme second témoignage de cette faculté. Étant donnée l'étroite affinité de la musique et du mythe, on doit s'attendre aussi à ce qu'une dégénération ou une corruption de celui-ci entraîne un dépérissement de celle-là, si, d'autre part, le déclin du mythe est le signe d'un amoindrissement des facultés dionysiennes. Sur l'un et l'autre point, l'examen de l'évolution de l'esprit allemand ne pourrait nous laisser aucun doute : dans l'opéra comme dans le caractère abstrait de notre existence dénuée de mythes, dans un art déchu au rôle de divertissement aussi bien que dans une vie gouvernée par les seuls concepts, s'était dévoilée la nature anti-artistique autant que délétère de l'optimisme socratique. Mais de réconfortants présages sont venus attester que, malgré tout cela, l'esprit allemand superbe et sain, intact dans sa profondeur et sa force dionysienne, ainsi qu'un chevalier étendu assoupi, repose et rêve au fond d'un abîme inaccessible. Et de cet abîme s'élève vers nous le *Lied* dionysiaque, pour nous donner à entendre qu'encore aujourd'hui ce chevalier allemand rêve, en des visions bienheureuses et graves, son mythe dionysiaque séculaire. Que nul ne croie que l'esprit allemand ait à jamais perdu sa patrie mythique, s'il comprend si clairement encore le chant des oiseaux qui parle de cette patrie. Un jour, il se trouvera éveillé dans la fraîche vigueur du matin d'un sommeil inouï ; alors il tuera des dragons, il anéantira les gnomes perfides et réveillera Brünnhilde — et la lance de Wotan lui-même ne pourra lui barrer le chemin !

Amis, qui croyez à la musique dionysienne, vous savez aussi ce qu'est pour nous la Tragédie. Nous possédons en elle, engendré de nouveau par la musique, le mythe tragique, — vous pouvez mettre en lui tout votre espoir et oublier par lui les pires douleurs ! Mais la douleur suprême est, pour nous tous, — le long avilissement dans lequel le génie allemand, arraché à son foyer et à sa patrie, vécut domestiqué par des gnomes perfides. Vous comprenez ces paroles, — comme enfin vous com-prendrez aussi mes espérances.

25.

La musique et le mythe tragique sont, à un égal degré, l'expression de la faculté dionysiaque d'un peuple, et ils sont inséparables. Tous deux émanent d'une sphère de l'art qui est par delà l'apollinienne ; tous deux illuminent une région d'harmonies joyeuses où délicieusement s'éteint la dissonance et s'évanouit l'horrible image du monde ; tous deux jouent avec l'aiguillon du dégoût, confiants dans la puissance infinie de leurs enchantements ; tous deux justifient par ce jeu l'existence « du pire des mondes » lui-même. Au regard de l'apollinien, l'instinct dionysiaque se manifeste ici comme la force artistique primitive et éternelle, qui appelle à la vie le monde entier de l'apparence, au